FRÅN BLOKBLAD TILL PLATTA: BLOMMA KRAFT SALADER

Blomma ut i hälsa med en samling av 100 närande och läckra salladsskapelser

Siv Current

INNEHÅLLSFÖRTECKNING

INTRODUKTION

Välkommen till "Från Blokblad Till Platta: Blomma Kraft Salader", där vi inbjuder dig att ge dig ut på en resa för att blomma ut till hälsa med en samling av 100 närande och läckra salladskreationer som hyllar skönheten och smaken hos ätbara blommor. Blommor, med sina livfulla färger och delikata smaker, har länge varit omhuldade som både kulinariska läckerheter och symboler för vitalitet. I den här kokboken utnyttjar vi blommornas kraft för att skapa levande, näringsrika sallader som ger näring åt kroppen och glädjer sinnena.

I den här kokboken kommer du att upptäcka en mängd olika salladsrecept som visar upp ätbara blommors skönhet och mångsidighet. Från uppfriskande sommarsallader sprängfyllda med säsongsbetonade blommor till rejäla spannmålsskålar prydda med delikata kronblad, varje recept är framtaget för att fira trädgårdens naturliga överflöd och lyfta den ödmjuka salladen till nya höjder av smak och elegans.

Det som skiljer " Från Blokblad Till Platta: Blomma Kraft Salader " är dess betoning på hälsa och välbefinnande. Varje recept är genomtänkt sammanställt för att ge en balans mellan näringsämnen och smaker, med en mängd färska grönsaker, frukter, spannmål, proteiner och naturligtvis ätbara blommor. Oavsett om du vill öka ditt intag av vitaminer och mineraler, lägga till mer färg och variation till din kost, eller helt enkelt njuta av en utsökt och mättande måltid, erbjuder dessa sallader ett närande och smakrikt alternativ för alla tillfällen.

I den här kokboken hittar du praktiska tips för att välja, lagra och förbereda ätbara blommor, samt fantastiska fotografier för att inspirera dina kulinariska skapelser. Oavsett om du förbereder en enkel sidosallad för en middag på vardagskvällen eller är värd för en festlig sammankomst med vänner, erbjuder " Från Blokblad Till Platta: Blomma Kraft Salader " en mängd läckra och näringsrika recept som passar alla smaker och preferenser.

LAVENDELSALADER

1.Lavendel persika och burrata sallad

INGREDIENSER:

- 2 mogna persikor, skivade
- 8 uns burrataost
- 4 koppar baby ruccola
- 1/4 kopp hackade pistagenötter, rostade
- 2 msk vit balsamvinäger
- 1 matsked honung
- 1 tsk torkad kulinarisk lavendel
- 3 matskedar extra virgin olivolja
- Salta och peppra efter smak

INSTRUKTIONER:

a) I en liten skål, vispa ihop vit balsamvinäger, honung, torkad lavendel, olivolja, salt och peppar för att göra dressingen.

b) Lägg upp babyruccolan på ett serveringsfat. Toppa med skivade persikor och rivna bitar av burrataost.

c) Ringla dressingen över salladen. Strö över rostade pistagenötter. Servera omedelbart.

2.Fjärilar med grönsaker och lavendel

INGREDIENSER:

- ½ pund pasta, som fjärilar, orecchiette eller gemelli
- 2 eller 3 vitlöksklyftor, tunna skivor eller krossade
- 2 zucchini eller sommarsquash, putsade
- 2 morötter, skalade och putsade
- 1 paprika, urkärnad
- 3 matskedar extra virgin olivolja
- 1 tsk färska eller torkade lavendelblommor, plus ytterligare för garnering
- Salt och nymalen svartpeppar

INSTRUKTIONER:

a) Koka upp en kastrull med vatten och salta. Tillsätt pastan och koka tills den är al dente.

b) Skiva under tiden grönsakerna tunt med hjälp av en matberedare, mandolin eller kniv.

c) Häll olivoljan i en ouppvärmd stekpanna och tillsätt vitlöken.

d) Koka vitlöken tills den börjar bli gyllene, rör om då och då.

e) När vitlöken blir gyllene, tillsätt grönsakerna. Strö över salt och peppar och tillsätt lavendeln, krossa blommorna i fingertopparna för att frigöra doften.

f) Koka, rör om ibland, tills grönsakerna knappt mjuknar, bara 5 minuter eller så.

g) Förhoppningsvis är pastan nästan färdig precis som grönsakerna nästan är färdiga.

h) Häll av pastan, spara lite kokvatten.

i) Tillsätt pasta till grönsakerna och fortsätt koka, tillsätt vatten efter behov för att hålla blandningen fuktig.

j) När pasta och grönsaker är möra men inte mosiga, justera krydda för salt och peppar.

k) Garnera med ett par lavendelblommor.

3.Lavendel honung kyckling sallad

INGREDIENSER:

- 2 benfria, skinnfria kycklingbröst
- 6 koppar blandade gröna
- 1 dl körsbärstomater, halverade
- 1/2 kopp skivad gurka
- 1/4 kopp smulad fetaost
- 1/4 kopp rostade mandlar
- 2 matskedar olivolja
- 1 msk äppelcidervinäger
- 1 msk honung
- 1 tsk torkad kulinarisk lavendel
- Salta och peppra efter smak

INSTRUKTIONER:

a) Värm ugnen till 375°F (190°C). Krydda kycklingbrösten med salt, peppar och torkad lavendel. Grädda i 20-25 minuter eller tills den är genomstekt. Låt svalna och skiva sedan tunt.

b) I en liten skål, vispa ihop olivolja, äppelcidervinäger, honung och en nypa torkad lavendel för att göra dressingen.

c) I en stor skål, kombinera de blandade gröna, körsbärstomater, skivad gurka, smulad fetaost och rostad mandel.

d) Lägg den skivade kycklingen ovanpå salladen. Ringla över lavendelhonungsdressingen. Kasta försiktigt för att täcka och servera.

4.Lavendel citron quinoa sallad

INGREDIENSER:
- 1 dl quinoa, kokt och kyld
- 1/2 kopp kokta kikärter
- 1/2 kopp tärnad gurka
- 1/4 kopp hackad färsk persilja
- 1/4 kopp smulad fetaost
- Skal av 1 citron
- Saften av 1 citron
- 2 matskedar olivolja
- 1 tsk torkad kulinarisk lavendel
- Salta och peppra efter smak

INSTRUKTIONER:
a) I en stor skål, kombinera den kokta quinoan, kikärterna, tärnad gurka, hackad persilja, smulad fetaost och citronskal.
b) I en liten skål, vispa ihop citronsaft, olivolja, torkad lavendel, salt och peppar för att göra dressingen.
c) Häll dressingen över quinoasalladen och rör om försiktigt för att täcka. Servera kyld eller i rumstemperatur.

5.Lavendel persika sallad med getost

INGREDIENSER:
- 2 mogna persikor, skivade
- 4 koppar ruccola
- 1/4 kopp smulad getost
- 1/4 kopp rostade pekannötter
- 2 msk balsamvinäger
- 1 matsked honung
- 1 tsk torkad kulinarisk lavendel
- 2 matskedar extra virgin olivolja
- Salta och peppra efter smak

INSTRUKTIONER:
a) I en liten skål, vispa ihop balsamvinäger, honung, torkad lavendel, olivolja, salt och peppar för att göra dressingen.
b) Kombinera de skivade persikorna, ruccolan, smulad getost och rostade pekannötter i en stor skål.
c) Ringla dressingen över salladen och rör om försiktigt för att täcka. Servera omedelbart.

6.Lavendel blåbärsspenatsallad

INGREDIENSER:
- 4 dl babyspenat
- 1 dl färska blåbär
- 1/4 kopp smulad fetaost
- 1/4 kopp skivad mandel, rostad
- 2 msk vitvinsvinäger
- 1 msk honung
- 1 tsk torkad kulinarisk lavendel
- 3 matskedar extra virgin olivolja
- Salta och peppra efter smak

INSTRUKTIONER:
a) I en liten skål, vispa ihop vitvinsvinäger, honung, torkad lavendel, olivolja, salt och peppar för att göra dressingen.
b) Kombinera babyspenaten, färska blåbär, smulad fetaost och rostad mandel i en stor skål.
c) Ringla dressingen över salladen och rör om försiktigt för att täcka. Servera omedelbart.

7.Lavendelbärsallad med vallmofröndressing

INGREDIENSER:
- 6 koppar blandade grönsaker
- 1 dl färska jordgubbar, skivade
- 1/2 kopp färska blåbär
- 1/2 kopp färska hallon
- 1/4 kopp smulad getost
- 1/4 kopp skivad mandel, rostad
- 2 msk citronsaft
- 1 tsk citronskal
- 1 matsked honung
- 1 tsk torkad kulinarisk lavendel
- 1 msk vallmofrön
- 3 matskedar extra virgin olivolja
- Salta och peppra efter smak

INSTRUKTIONER:
a) I en liten skål, vispa ihop citronsaft, citronskal, honung, torkad lavendel, vallmofrön, olivolja, salt och peppar för att göra dressingen.
b) I en stor skål, kombinera de blandade gröna, skivade jordgubbar, blåbär, hallon, smulad getost och rostad mandel.
c) Ringla dressingen över salladen och rör om försiktigt för att täcka. Servera omedelbart.

8.Lavendel grillad grönsakssallad

INGREDIENSER:

- 2 zucchinis, skivade på längden
- 1 röd paprika, i fjärdedelar
- 1 gul paprika, i fjärdedelar
- 1 rödlök, skivad i rundor
- 1 msk olivolja
- 1 tsk torkad kulinarisk lavendel
- Salta och peppra efter smak
- 4 koppar blandade gröna
- 1/4 kopp smulad fetaost
- 2 msk balsamvinäger
- 1 msk honung
- 3 matskedar extra virgin olivolja

INSTRUKTIONER:

a) Värm grillen till medelhög värme. Pensla zucchinin, paprikan och rödlöken med olivolja. Strö över torkad lavendel, salt och peppar.

b) Grilla grönsakerna tills de är mjuka och lätt förkolnade, ca 4-5 minuter per sida för zucchinin och paprikan, och 2-3 minuter per sida för löken.

c) Ta bort de grillade grönsakerna från grillen och låt dem svalna något. Skär i lagom stora bitar.

d) I en liten skål, vispa ihop balsamvinäger, honung och extra virgin olivolja för att göra dressingen.

e) I en stor skål, kombinera de blandade grönsakerna, grillade grönsakerna och smulad fetaost. Ringla över dressingen och rör försiktigt för att täcka. Servera varm eller i rumstemperatur.

9.Lavendel citrussallad med räkor

INGREDIENSER:
- 1 lb räkor, skalade och deveirade
- 1 msk olivolja
- 1 tsk torkad kulinarisk lavendel
- Salta och peppra efter smak
- 6 koppar blandade gröna
- 1 apelsin, segmenterad
- 1 grapefrukt, segmenterad
- 1/4 kopp skivad rödlök
- 1/4 kopp smulad fetaost
- 2 msk apelsinjuice
- 1 msk citronsaft
- 1 msk honung
- 3 matskedar extra virgin olivolja

INSTRUKTIONER:
a) Hetta upp olivolja i en stekpanna på medelvärme. Krydda räkor med torkad lavendel, salt och peppar. Koka räkor tills de är rosa och ogenomskinliga, cirka 2-3 minuter per sida. Ta bort från värmen och ställ åt sidan.
b) I en liten skål, vispa samman apelsinjuice, citronsaft, honung och extra virgin olivolja för att göra dressingen.
c) I en stor skål, kombinera de blandade gröna, apelsinsegment, grapefruktsegment, skivad rödlök och smulad fetaost.
d) Tillsätt de kokta räkorna i salladen. Ringla över dressingen och rör försiktigt för att täcka. Servera omedelbart.

10.Sallad med lavendelpäron och valnöt

INGREDIENSER:

- 4 koppar blandade gröna
- 2 mogna päron, tunt skivade
- 1/2 dl valnötter, rostade och hackade
- 1/4 kopp smulad ädelost
- 2 msk vitvinsvinäger
- 1 matsked honung
- 1 tsk torkad kulinarisk lavendel
- 3 matskedar extra virgin olivolja
- Salta och peppra efter smak

INSTRUKTIONER:

a) I en liten skål, vispa ihop vitvinsvinäger, honung, torkad lavendel, olivolja, salt och peppar för att göra dressingen.

b) I en stor skål, kombinera de blandade gröna, skivade päron, rostade valnötter och smulad ädelost.

c) Ringla dressingen över salladen och rör om försiktigt för att täcka. Servera omedelbart.

11.Lavendel tomat mozzarella sallad

INGREDIENSER:

- 2 dl körsbärstomater, halverade
- 8 uns färsk mozzarellaost, tärnad
- 1/4 kopp färska basilikablad, rivna
- 2 msk balsamvinäger
- 1 matsked honung
- 1 tsk torkad kulinarisk lavendel
- 3 matskedar extra virgin olivolja
- Salta och peppra efter smak

INSTRUKTIONER:

a) I en liten skål, vispa ihop balsamvinäger, honung, torkad lavendel, olivolja, salt och peppar för att göra dressingen.

b) Kombinera körsbärstomaterna, tärnad mozzarellaost och rivna basilikablad i en stor skål.

c) Ringla dressingen över salladen och rör om försiktigt för att täcka. Servera omedelbart.

12.Lavendel rostad grönsakssallad

INGREDIENSER:
- 2 dl butternutsquash i tärningar
- 2 dl brysselkål, halverad
- 1 rödlök, skivad
- 2 matskedar olivolja
- 1 tsk torkad kulinarisk lavendel
- Salta och peppra efter smak
- 4 dl babyspenat
- 1/4 kopp torkade tranbär
- 1/4 kopp smulad getost
- 2 msk balsamvinäger
- 1 msk honung
- 3 matskedar extra virgin olivolja

INSTRUKTIONER:
a) Värm ugnen till 400°F (200°C). Lägg butternutsquash, brysselkål och rödlök på en plåt. Ringla över olivolja, strö över torkad lavendel, salt och peppar. Rosta i 25-30 minuter, tills grönsakerna är mjuka och lätt karamelliserade. Låt svalna.
b) I en liten skål, vispa ihop balsamvinäger, honung och olivolja för att göra dressingen.
c) I en stor skål, kombinera rostade grönsaker, babyspenat, torkade tranbär och smulad getost. Ringla över dressing och rör försiktigt för att täcka. Servera omedelbart.

13.Lavendel kyckling och bärsallad

INGREDIENSER:

- 2 benfria, skinnfria kycklingbröst
- 1 msk olivolja
- 1 tsk torkad kulinarisk lavendel
- Salta och peppra efter smak
- 6 koppar blandade gröna
- 1 dl färska jordgubbar, skivade
- 1/2 kopp färska blåbär
- 1/4 kopp skivad mandel, rostad
- 2 msk hallonvinäger
- 1 matsked honung
- 3 matskedar extra virgin olivolja

INSTRUKTIONER:

a) Hetta upp olivolja i en stekpanna på medelvärme. Krydda kycklingbröst med torkad lavendel, salt och peppar. Stek tills de fått färg och genomstekt, ca 6-7 minuter per sida. Låt svalna och skiva sedan tunt.

b) I en liten skål, vispa ihop hallonvinäger, honung och olivolja för att göra dressingen.

c) I en stor skål, kombinera blandade gröna, skivade jordgubbar, blåbär och rostade mandlar. Lägg skivad kyckling ovanpå. Ringla över dressing och rör försiktigt för att täcka. Servera omedelbart.

14.Lavendel apelsin kycklingsallad

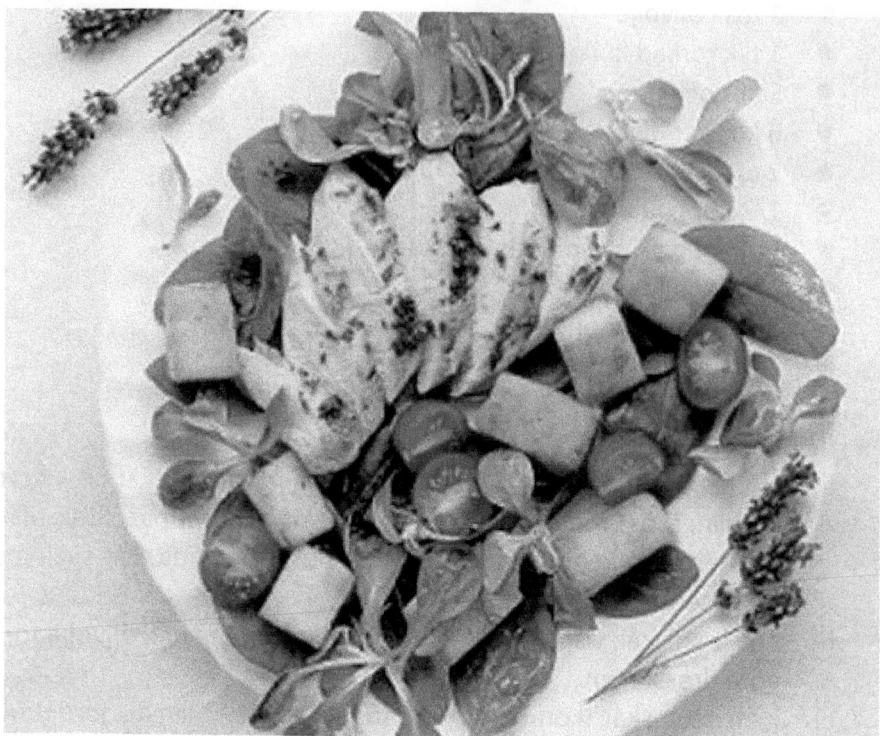

INGREDIENSER:

- 2 benfria, skinnfria kycklingbröst
- 1 msk olivolja
- 1 tsk torkad kulinarisk lavendel
- Salta och peppra efter smak
- 6 koppar blandade gröna
- 2 apelsiner, segmenterade
- 1/4 kopp torkade tranbär
- 1/4 kopp skivad mandel, rostad
- 2 msk apelsinjuice
- 1 matsked honung
- 1 tsk dijonsenap
- 3 matskedar extra virgin olivolja

INSTRUKTIONER:

a) Hetta upp olivolja i en stekpanna på medelvärme. Krydda kycklingbröst med torkad lavendel, salt och peppar. Stek tills de fått färg och genomstekt, ca 6-7 minuter per sida. Låt svalna och skiva sedan tunt.

b) I en liten skål, vispa ihop apelsinjuice, honung, dijonsenap och olivolja för att göra dressingen.

c) I en stor skål, kombinera blandade gröna, apelsinsegment, torkade tranbär och rostade mandlar. Lägg skivad kyckling ovanpå. Ringla över dressing och rör försiktigt för att täcka. Servera omedelbart.

15.Lavendel getost och betsallad

INGREDIENSER:

- 4 medelstora rödbetor, kokta, skalade och skivade
- 4 dl babyspenat
- 1/4 kopp smulad getost
- 1/4 kopp hackade valnötter, rostade
- 2 msk balsamvinäger
- 1 matsked honung
- 1 tsk torkad kulinarisk lavendel
- 3 matskedar extra virgin olivolja
- Salta och peppra efter smak

INSTRUKTIONER:

a) I en liten skål, vispa ihop balsamvinäger, honung, torkad lavendel, olivolja, salt och peppar för att göra dressingen.

b) I en stor skål, kombinera skivade rödbetor, babyspenat, smulad getost och rostade valnötter.

c) Ringla över dressing och rör försiktigt för att täcka. Servera omedelbart.

16.Quinoasallad med fetaost och tranbär

INGREDIENSER:
- 1 dl quinoa, kokt och kyld
- 1/4 kopp torkade tranbär
- 1/4 kopp smulad fetaost
- 1/4 kopp hackad färsk persilja
- 2 msk citronsaft
- 1 matsked honung
- 1 tsk torkad kulinarisk lavendel
- 3 matskedar extra virgin olivolja
- Salta och peppra efter smak

INSTRUKTIONER:
a) I en liten skål, vispa ihop citronsaft, honung, torkad lavendel, olivolja, salt och peppar för att göra dressingen.
b) I en stor skål, kombinera kokt quinoa, torkade tranbär, smulad fetaost och hackad persilja.
c) Ringla över dressing och rör försiktigt för att täcka. Servera kyld eller i rumstemperatur.

17.Lavendel rostad potatissallad

INGREDIENSER:
- 1 1/2 lbs barnpotatis, halverad
- 2 matskedar olivolja
- 1 tsk torkad kulinarisk lavendel
- Salta och peppra efter smak
- 4 koppar ruccola
- 1/4 kopp smulad ädelost
- 2 msk rödvinsvinäger
- 1 msk honung
- 3 matskedar extra virgin olivolja

INSTRUKTIONER:
a) Värm ugnen till 400°F (200°C). Kasta halverad babypotatis med olivolja, torkad lavendel, salt och peppar. Rosta i 25-30 minuter tills de är mjuka och gyllenbruna.
b) I en liten skål, vispa ihop rödvinsvinäger, honung och olivolja för att göra dressingen.
c) I en stor skål, kombinera rostad potatis, ruccola och smulad ädelost. Ringla över dressing och rör försiktigt för att täcka. Servera varm eller i rumstemperatur.

ROSENSALADER

18.Sommar bär och ros sallad

INGREDIENSER:

- 2 koppar blandad grönsallad
- 1 dl färska jordgubbar, skivade
- 1 kopp färska hallon
- 1/2 kopp färska blåbär
- 1/4 kopp hackade pekannötter
- 2 msk hackade färska myntablad
- 2 msk hackade färska rosenblad
- 2 msk hallonvinäger
- 1 msk honung
- Salta och peppra efter smak

INSTRUKTIONER:

a) I en liten skål, vispa ihop hallonvinäger, honung, salt och peppar för att göra dressingen.
b) Kombinera de blandade salladsgrönsakerna, skivade jordgubbar, hallon, blåbär, hackade pekannötter, hackade myntablad och hackade rosenblad i en stor blandningsskål.
c) Ringla dressingen över salladen och rör om försiktigt för att täcka.
d) Servera omedelbart.

19.Vinterrosbladsallad med apelsinvinägrett

INGREDIENSER:

ORANGE VINAIGRETT:

- 1/4 kopp färskpressad apelsinjuice
- 1 tsk apelsinskal
- 2 msk balsamvinäger
- 1/4 kopp olivolja
- 2 msk honung (eller lönnsirap för vegan)
- 1 tsk svarta sesamfrön
- 1 tsk vallmofrön
- 1/2 tsk salt
- 1/2 tsk rosmarin
- 1/4 tsk peppar

SALLAD

- Kronblad från 4 stora rosor, tvättade och rivna
- 4 koppar färsk grönbladssallat, strimlad
- 1 medelmogen avokado, skivad
- 1 stort galaäpple, urkärnat och skivat
- 1/2 kopp torkade tranbär
- 1/4 kopp granatäpple
- 1/4 kopp valnötter, grovt hackade
- 1/4 kopp strimlad mandel

INSTRUKTIONER:

a) För apelsinvinägretten: I en burk med tättslutande lock, kombinera färskpressad apelsinjuice, apelsinskal, balsamvinäger, olivolja, honung (eller lönnsirap), svarta sesamfrön, vallmofrön, salt, rosmarin och peppar .

b) Skaka väl för att kombinera. Om den inte används omedelbart, förvara i kylen i upp till 1 vecka. Skaka ordentligt innan servering.

c) För salladen: I en stor skål, släng ihop de rivna rosenbladen, strimlad grönsallat, skivad avokado, skivat galaäpple, torkade tranbär, granatäpple, valnötter och strimlad mandel.

d) Ringla önskad mängd apelsinvinägrett över salladen och blanda försiktigt för att täcka. Alternativt, för en visuellt tilltalande presentation, dela och skikta salladsingredienserna mellan 4 till 6 tallrikar.

e) Servera med extra dressing vid sidan av.

20.Blåbärs- och rosenbladssallad

INGREDIENSER:

- 2 dl färska blåbär
- 1 kopp blandade salladsgrönsaker (som ruccola, spenat eller blandade babygrönsaker)
- 1/4 kopp färska myntablad, hackade
- 1/4 kopp färska basilikablad, rivna
- Ätbara rosenblad (se till att de är fria från bekämpningsmedel)
- 1/4 kopp smulad fetaost
- 1/4 kopp hackade valnötter eller mandel
- Balsamvinäger
- Olivolja
- Salta och peppra efter smak

INSTRUKTIONER:

a) Skölj blåbär och grönsallad noga under kallt vatten. Torka dem torra med hushållspapper eller en ren kökshandduk.

b) I en stor salladsskål, kombinera de blandade salladsgrönsakerna, blåbär, hackade myntablad, trasiga basilikablad och en handfull ätbara rosenblad.

c) I en liten stekpanna på medelvärme, rosta de hackade valnötterna eller mandlarna tills de är lätt gyllene och doftar. Ta bort från värmen och låt dem svalna.

d) Strö den smulade fetaosten och de rostade nötterna över salladen.

e) Ringla över salladen med balsamvinäger och olivolja. Krydda med salt och peppar efter smak.

f) Blanda försiktigt ihop alla ingredienser tills de är väl blandade.

g) Servera genast som en uppfriskande och färgglad sallad.

h) Njut av din blåbärs- och rosenbladssallad!

21.Trädgårdsärt- och rosenbladssallad

INGREDIENSER:

- 1 näve grönsallat
- 1 näve röd sallad
- 1 näve lila pak choi
- 1 näve spenat
- 1 näve basilika
- 10-15 färska ärtor
- Rosblad
- 1 msk ekologisk yoghurt
- 1 msk olivolja
- 2 tsk honung
- 1 vitlöksklyfta, finhackad

INSTRUKTIONER:

a) Börja med att rengöra allt grönt noggrant och riva dem i lagom stora bitar.

b) Hacka basilikan och skiva de färska ärtorna.

c) I en medelstor skål, kombinera gröna, hackad basilika och skivade ärtor. Lägg till några rosenblad i blandningen, reservera det mesta för garnering.

d) I en separat liten skål, vispa ihop den ekologiska vanlig yoghurt, olivolja, honung och hackad vitlök tills det är väl blandat.

e) Häll yoghurtdressingen över salladsblandningen och rör tills den är jämnt täckt.

f) Garnera salladen med resterande rosenblad.

g) Njut av din trädgårdsärt- och rosenbladssallad!

22.Vacker blomstersallad med rosevinägrett

INGREDIENSER:

Rose vinägrett:

- 3 matskedar kokande vatten
- 1 rose örttepåse
- 1 ½ msk extra virgin olivolja
- ½ tsk agavesirap (valfritt)
- Nymalen svartpeppar
- Nypa salt (valfritt)

Blomstersallad:

- 6 koppar blandade babysalladsgrönsaker
- ¼ kopp ätbara blomblad (som blåklint, solros, penséer, krysantemum, ringblomma, ros, lavendel, ört- och grönsaksblommor)
- 1 dl färska bär (hallon, blåbär, björnbär)
- 1 msk hampafrön
- 1 msk chiafrön
- 1 matsked strimlad, osötad kokos

INSTRUKTIONER:

a) För att göra vinägretten, lägg kokande vatten i en liten kopp och tillsätt rosenörttepåsen. Låt det dra i rumstemperatur i 30 minuter och ta sedan bort tepåsen. Blanda det kylda teet med extra virgin olivolja, agavesirap (om du använder), nymald svartpeppar och en nypa salt (om så önskas) i en liten skål tills det är slätt.

b) Till salladen, blanda ihop de blandade babysalladsgrönsakerna, ätbara blomblad, färska bär, hampafrön, chiafrön, kokos och den förberedda rosenvinägretten lätt, bara tills den blandas.

c) Servera omedelbart för att njuta av friskheten och smakerna av denna vackra blomsallad.

d) Njut av denna livfulla och näringsrika vackra blomsallad med rosevinägrett!

23.Rostad laxsallad med rosévinägrett

INGREDIENSER:
FÖR LAXEN:
- 1 till 1 ½ pund Verlasso lax
- 2 tsk olivolja
- Kosher salt och svartpeppar

FÖR KLÄNINGEN:
- 3 msk torrt rosévin (ej mousserande)
- ½ msk vitvinsvinäger
- ½ tsk dijonsenap
- ½ tsk socker
- Nypa salt
- ¼ kopp neutral smaksatt olja, som avokadoolja

INSTRUKTIONER:
a) Värm ugnen till 425°F. Lägg laxen på en folieklädd plåt. Pensla med olivolja och smaka av med salt och peppar. Rosta i 12-14 minuter. Ställ åt sidan för att svalna något.

b) För att göra dressingen, vispa ihop rosévin, vitvinsvinäger, dijonsenap, socker och salt i en burk. Tillsätt den neutrala smaksatta oljan och toppa sedan med ett tättslutande lock. Skaka väl för att kombinera.

c) Dela salladen mellan 4 tallrikar. Toppa var och en med lika delar skivad gurka, hallon, skivad avokado, skivad salladslök och fetaost i tärningar.

d) Toppa salladerna med den rostade laxen och smaka av med rosévinsvinägretten.

e) Servera med kyld rosé för en uppfriskande måltid.

f) För att förbereda framåt, förbered laxen och vinägretten enligt anvisningarna. Kyl i lufttäta glasbehållare i upp till 3 dagar. Servera laxen kyld eller i rumstemperatur om den förbereds i förväg.

24.Vattenmelon och rosenbladssallad

INGREDIENSER:
- Kärnad vattenmelon
- Färska myntablad
- Ätbara rosenblad
- Fetaost, smulad
- Svarta oliver, urkärnade och skivade
- Dressing: Citronvinägrett

INSTRUKTIONER:
a) Kombinera vattenmelon i tärningar, färska myntablad, rosenblad, smulad fetaost och skivade svarta oliver.
b) Ringla över citronvinägrett och blanda försiktigt för att täcka.

25.Gurka och rosenbladssallad

INGREDIENSER:

- Skivad gurka
- Rödlök, tunt skivad
- Ätbara rosenblad
- grekisk yoghurt
- Citron juice
- Dill, hackad

INSTRUKTIONER:

a) Blanda skivad gurka, tunt skivad rödlök och rosenblad tillsammans.
b) I en separat skål, kombinera grekisk yoghurt, citronsaft och hackad dill för att göra dressingen.
c) Blanda salladen med dressingen och servera.

26.Quinoa och rosenbladssallad

INGREDIENSER:

- Kokt quinoa
- Körsbärstomater, halverade
- Ätbara rosenblad
- Kikärter, avrunna och sköljda
- Färsk persilja, hackad
- Dressing: Citrontahinidressing

INSTRUKTIONER:

a) I en stor skål, kombinera kokt quinoa, halverade körsbärstomater, rosenblad, avrunna kikärter och hackad persilja.

b) Ringla över citrontahinidressing och blanda ihop.

27.Rostade rödbetor och rosensallad

INGREDIENSER:

- 3 medelstora rödbetor, rostade och tärnade
- 2 koppar blandad grönsallad
- 1/4 kopp smulad fetaost
- 1/4 kopp hackade valnötter
- 1/4 kopp torkade tranbär
- 2 msk hackade färska rosenblad
- 2 msk balsamvinäger
- 1 matsked honung
- Salta och peppra efter smak

INSTRUKTIONER:

a) I en liten skål, vispa ihop balsamvinäger, honung, salt och peppar för att göra dressingen.

b) I en stor blandningsskål, kombinera de rostade rödbetor, blandade salladsgrönsaker, smulad fetaost, hackade valnötter, torkade tranbär och hackade rosenblad.

c) Ringla dressingen över salladen och rör om försiktigt för att täcka.

d) Servera omedelbart.

28.Grillad persika och ros sallad

INGREDIENSER:

- 2 mogna persikor, halverade och urkärnade
- 4 koppar ruccola
- 1/4 kopp smulad getost
- 2 msk hackade färska basilikablad
- 2 msk hackade färska rosenblad
- 2 matskedar extra virgin olivolja
- 1 msk balsamvinäger
- Salta och peppra efter smak

INSTRUKTIONER:

a) Värm grillen till medelhög värme.
b) Pensla den skurna sidan av varje persikahalva med olivolja och strö över salt och peppar.
c) Grilla persikorna med skurna sidan nedåt i ca 3-4 minuter, tills grillmärken syns och persikorna mjuknat något.
d) Ta bort persikorna från grillen och låt dem svalna något.
e) I en stor blandningsskål, kombinera ruccola, smulad getost, hackade basilikablad och hackade rosenblad.
f) I en liten skål, vispa ihop den återstående olivoljan, balsamvinäger, salt och peppar för att göra dressingen.
g) Skiva de grillade persikorna och lägg dem i salladen.
h) Ringla dressingen över salladen och rör om försiktigt för att täcka.
i) Servera omedelbart.

29.Medelhavsrossallad

INGREDIENSER:

- 2 dl kokt couscous
- 1 dl körsbärstomater, halverade
- 1/2 kopp skivad gurka
- 1/4 kopp skivade Kalamata-oliver
- 1/4 kopp smulad fetaost
- 2 msk hackad färsk persilja
- 2 msk hackade färska myntablad
- 2 msk hackade färska rosenblad
- 2 msk citronsaft
- 2 matskedar extra virgin olivolja
- Salta och peppra efter smak

INSTRUKTIONER:

a) Kombinera den kokta couscousen, körsbärstomaterna, skivad gurka, Kalamata-oliver, smulad fetaost, hackad persilja, hackade myntablad och hackade rosenblad i en stor mixerskål.

b) I en liten skål, vispa ihop citronsaft, olivolja, salt och peppar för att göra dressingen.

c) Ringla dressingen över salladen och rör om försiktigt för att täcka.

d) Servera omedelbart eller kyl tills den ska serveras.

30.Rostade rödbetor och rosensallad

INGREDIENSER:

- 3 medelstora rödbetor, skalade och skivade tunt
- 4 dl babyspenat
- 1/2 dl valnötter, rostade och hackade
- 1/4 kopp smulad getost
- 1/4 kopp tunt skivad rödlök
- 3 matskedar olivolja
- 2 msk balsamvinäger
- 1 tsk dijonsenap
- 1/2 tsk rosenvatten
- Salta och peppra efter smak

INSTRUKTIONER:

a) Värm ugnen till 400°F (200°C). Lägg de skivade rödbetorna på en plåt med bakplåtspapper. Ringla över olivolja och smaka av med salt och peppar. Rosta i 20-25 minuter eller tills de är mjuka.

b) I en liten skål, vispa ihop olivolja, balsamvinäger, dijonsenap och rosenvatten för att göra dressingen.

c) I en stor skål, kombinera de rostade rödbetor, babyspenat, rostade valnötter, smulad getost och skivad rödlök.

d) Ringla dressingen över salladen och rör om försiktigt för att täcka. Servera omedelbart.

31.Fikon och ros sallad

INGREDIENSER:

- 4 färska fikon, skivade
- 4 koppar blandade gröna
- 1/4 kopp smulad ädelost
- 1/4 kopp rostade hasselnötter, hackade
- 2 skivor prosciutto, tunt skivad
- 3 msk fikonbalsamvinäger
- 2 matskedar extra virgin olivolja
- 1 msk citronsaft
- 1/2 tsk rosenvatten
- Salta och peppra efter smak

INSTRUKTIONER:

a) I en liten skål, vispa ihop fikonbalsamvinäger, olivolja, citronsaft och rosenvatten för att göra dressingen.

b) I en stor skål, kombinera de skivade fikonen, blandade gröna, smulad ädelost, rostade hasselnötter och tunt skivad prosciutto.

c) Ringla dressingen över salladen och rör om försiktigt för att täcka. Krydda med salt och peppar efter smak. Servera omedelbart.

32.Citrus och ros sallad

INGREDIENSER:

- 2 apelsiner, segmenterade
- 1 grapefrukt, segmenterad
- 4 dl baby grönkål
- 1/4 kopp skivad mandel, rostad
- 1/4 kopp smulad fetaost
- 1/4 kopp tunt skivad rödkål
- 3 msk apelsinjuice
- 1 msk citronsaft
- 2 matskedar olivolja
- 1 matsked honung
- 1/2 tsk rosenvatten
- Salta och peppra efter smak

INSTRUKTIONER:

a) I en liten skål, vispa samman apelsinjuice, citronsaft, olivolja, honung och rosenvatten för att göra dressingen.

b) Kombinera de segmenterade apelsinerna och grapefrukten, grönkål, rostad mandel, smulad fetaost och skivad rödkål i en stor skål.

c) Ringla dressingen över salladen och rör om försiktigt för att täcka. Krydda med salt och peppar efter smak. Servera omedelbart.

33.Päron och ros sallad

INGREDIENSER:

- 2 mogna päron, tunt skivade
- 4 koppar blandade gröna
- 1/4 kopp smulad gorgonzolaost
- 1/4 kopp kanderade pekannötter
- 1/4 kopp tunt skivade röda druvor
- 3 msk päroninfunderad vit balsamvinäger
- 2 matskedar extra virgin olivolja
- 1 msk äppelcidervinäger
- 1/2 tsk rosenvatten
- Salta och peppra efter smak

INSTRUKTIONER:

a) I en liten skål, vispa ihop päroninfunderad vit balsamvinäger, olivolja, äppelcidervinäger och rosenvatten för att göra dressingen.

b) I en stor skål, kombinera de skivade päronen, blandade gröna, smulad gorgonzolaost, kanderade pekannötter och skivade röda druvor.

c) Ringla dressingen över salladen och rör om försiktigt för att täcka. Krydda med salt och peppar efter smak. Servera omedelbart.

HIBISCUS SALADER

34.Hibiscus Quinoa sallad

INGREDIENSER:

- 1 kopp kokt quinoa
- ½ kopp hibiskuste (starkt bryggt och kylt)
- 1 dl körsbärstomater, halverade
- ½ kopp gurka, tärnad
- ¼ kopp rödlök, finhackad
- ¼ kopp smulad fetaost
- 2 msk hackad färsk persilja
- 2 msk citronsaft
- 2 matskedar extra virgin olivolja
- Salta och peppra, efter smak

INSTRUKTIONER:

a) I en stor skål, kombinera den kokta quinoan, hibiskusteet, körsbärstomaterna, gurkan, rödlöken, smulad fetaost och hackad färsk persilja.

b) I en liten skål, vispa ihop citronsaft, olivolja, salt och peppar.

c) Häll dressingen över quinoasalladen och blanda försiktigt för att kombinera.

d) Låt salladen stå i cirka 15 minuter så att smakerna smälter samman. Justera krydda om det behövs.

e) Servera den hibiskus-infunderade quinoasalladen som en uppfriskande tillbehör eller lägg till grillad kyckling, räkor eller kikärter för att göra det till en komplett måltid.

35.Hibiskus- och getostsallad

INGREDIENSER:
- 4 koppar blandad grönsallad
- 1 kopp kokt quinoa
- ½ kopp smulad getost
- ¼ kopp torkade hibiskusblommor
- ¼ kopp rostade pinjenötter
- 2 msk balsamvinäger
- 2 matskedar extra virgin olivolja
- Salta och peppra, efter smak

INSTRUKTIONER:
a) I en stor salladsskål, kombinera de blandade salladsgrönsakerna, kokt quinoa, smulad getost, torkade hibiskusblommor och rostade pinjenötter.
b) I en liten skål, vispa ihop balsamvinäger, olivolja, salt och peppar.
c) Ringla dressingen över salladen och blanda försiktigt.
d) Servera hibiskus- och getostsalladen som en lätt och uppfriskande tillbehör eller lägg till grillad kyckling eller räkor för att göra det till en komplett måltid.

36.Hibiskus citrussallad

INGREDIENSER:

- 2 koppar blandade grönsaker
- 1 apelsin, segmenterad
- 1 grapefrukt, segmenterad
- 1/4 kopp hibiskusblommor, torkade
- 1/4 kopp skivad mandel, rostad
- 1/4 kopp smulad getost
- 2 msk apelsinjuice
- 1 matsked honung
- 1 msk balsamvinäger
- 3 matskedar extra virgin olivolja
- Salta och peppra efter smak

INSTRUKTIONER:

a) I en liten skål, vispa ihop apelsinjuice, honung, balsamvinäger och olivolja för att göra dressingen.

b) I en stor skål, kombinera blandade gröna, apelsinsegment, grapefruktsegment, hibiskusblommor, rostade mandlar och smulad getost.

c) Ringla över dressing och rör försiktigt för att täcka. Krydda med salt och peppar efter smak. Servera omedelbart.

37.Hibiskus avokadosallad

INGREDIENSER:
- 2 mogna avokado, tärnade
- 2 koppar blandade grönsaker
- 1/4 kopp hibiskusblommor, torkade
- 1/4 kopp skivade rädisor
- 1/4 kopp smulad fetaost
- 2 msk citronsaft
- 1 matsked honung
- 3 matskedar extra virgin olivolja
- Salta och peppra efter smak

INSTRUKTIONER:
a) I en liten skål, vispa ihop citronsaft, honung och olivolja för att göra dressingen.
b) I en stor skål, kombinera tärnad avokado, blandade gröna, hibiskusblommor, skivade rädisor och smulad fetaost.
c) Ringla över dressing och rör försiktigt för att täcka. Krydda med salt och peppar efter smak. Servera omedelbart.

38.Hibiskusbetssallad

INGREDIENSER:

- 2 medelstora rödbetor, rostade, skalade och skivade
- 4 koppar ruccola
- 1/4 kopp hibiskusblommor, torkade
- 1/4 kopp rostade valnötter, hackade
- 1/4 kopp smulad getost
- 2 msk balsamvinäger
- 1 matsked honung
- 3 matskedar extra virgin olivolja
- Salta och peppra efter smak

INSTRUKTIONER:

a) I en liten skål, vispa ihop balsamvinäger, honung och olivolja för att göra dressingen.

b) I en stor skål, kombinera rostade rödbetsskivor, ruccola, hibiskusblommor, rostade valnötter och smulad getost.

c) Ringla över dressing och rör försiktigt för att täcka. Krydda med salt och peppar efter smak. Servera omedelbart.

NASTURTIUMS SALADER

39.Nasturtium och druvsallad

INGREDIENSER:

- 1 röd salladshuvud
- 1 kopp kärnfria druvor
- 8 Nasturtium blad
- 16 Nasturtium blommar

VINÄGRETT:

- 3 matskedar salladsolja
- 1 msk vitvinsvinäger
- 1½ tsk dijonsenap
- 1 nypa svartpeppar

INSTRUKTIONER:

a) På var och en av de fyra tallrikarna, arrangera 5 röda salladsblad, ¼ kopp vindruvor, 2 nasturtiumblad och 4 nasturtiumblommor.

b) Vispa ihop alla vinägrettingredienser i en skål.

c) Ringla dressingen lika över varje sallad.

d) Servera omedelbart.

40.Potatis och nasturtium sallad

INGREDIENSER:

- 6 färskpotatis, jämn storlek
- 1 msk havssalt
- 3 koppar Nasturtium skott, de mycket ömma
- Unga blad och stjälkar, löst packade
- ½ kopp hackad dillgurka
- 2 msk inlagda nasturtiumknoppar eller kapris
- 1 vitlöksklyfta, finhackad
- 5 matskedar extra virgin olivolja
- ¼ kopp rödvinsvinäger
- Nymalen svartpeppar, efter smak
- 2 msk italiensk persilja, finhackad
- 1 Hand Nasturtium kronblad
- 1 hel Nasturtium blomma och blad, till garnering

INSTRUKTIONER:

a) Placera potatis i pannan och täck med vatten med cirka 2 tum tillsammans med 1 matsked havssalt. Täck över och låt koka upp.

b) Avtäck pannan och låt sjuda under kraftigt i cirka 20 minuter, eller tills potatisen är precis mjuk.

c) Häll av potatisen och låt svalna.

d) När den är tillräckligt kall för att hantera, skala potatisen och skär den i snygga tärningar.

e) Överför potatisen till en skål.

f) Hacka nasturtiumblad och mjuka stjälkar och lägg i skålen tillsammans med dillgurka, nasturtiumknoppar och vitlök.

g) Tillsätt olivolja, vinäger, salt och peppar efter smak.

h) Kasta försiktigt, se till att inte krossa potatisen.

i) Höj potatissallad på en gammaldags serveringsfat och strö hackad persilja över.

j) Skär kronbladen i strimlor och strö över salladen. Garnera med hela blommor och blad.

41.Nasturtium Räkförrättssallad

INGREDIENSER:

- 2 tsk färsk citronsaft
- ¼ kopp olivolja
- Salt och peppar
- 1 kopp kokta räkor, hackade
- 2 msk Finhackad lök
- 1 tomat i tärningar
- 1 avokado, tärnad
- Salladsblad
- 2 msk Hackade nasturtiumblad
- Nasturtium blommor

INSTRUKTIONER:

a) Vispa ihop citronsaft och olja. Krydda med salt och peppar.
b) Tillsätt löken och räkorna och blanda. Låt stå i 15 minuter.
c) Tillsätt tomat, avokado och hackade nasturtiumblad.
d) Högen på salladsblad och omslut med färska hela nasturtiumblommor.

42.Nasturtium och jordgubbssallad

INGREDIENSER:

- 2 koppar nasturtiumblad och blommor, tvättade och torkade
- 1 dl färska jordgubbar, skivade
- 1/4 kopp smulad fetaost
- 1/4 kopp skivad mandel, rostad
- 2 msk balsamvinäger
- 1 matsked honung
- 3 matskedar extra virgin olivolja
- Salta och peppra efter smak

INSTRUKTIONER:

a) I en liten skål, vispa ihop balsamvinäger, honung och olivolja för att göra dressingen.

b) I en stor skål, kombinera nasturtiumblad och blommor, skivade jordgubbar, smulad fetaost och rostade mandlar.

c) Ringla över dressing och rör försiktigt för att täcka. Krydda med salt och peppar efter smak. Servera omedelbart.

43.Nasturtium och avokadosallad

INGREDIENSER:

- 2 koppar nasturtiumblad och blommor, tvättade och torkade
- 2 mogna avokado, tärnade
- 1/4 kopp körsbärstomater, halverade
- 1/4 kopp skivad gurka
- 1/4 kopp smulad getost
- 2 msk citronsaft
- 1 matsked honung
- 3 matskedar extra virgin olivolja
- Salta och peppra efter smak

INSTRUKTIONER:

a) I en liten skål, vispa ihop citronsaft, honung och olivolja för att göra dressingen.

b) I en stor skål, kombinera nasturtiumblad och blommor, tärnad avokado, körsbärstomater, skivad gurka och smulad getost.

c) Ringla över dressing och rör försiktigt för att täcka. Krydda med salt och peppar efter smak. Servera omedelbart.

44.Nasturtium och betsallad

INGREDIENSER:

- 2 koppar nasturtiumblad och blommor, tvättade och torkade
- 2 medelstora rödbetor, rostade, skalade och skivade
- 4 dl babyspenat
- 1/4 kopp smulad ädelost
- 1/4 kopp hackade valnötter, rostade
- 2 msk balsamvinäger
- 1 matsked honung
- 3 matskedar extra virgin olivolja
- Salta och peppra efter smak

INSTRUKTIONER:

a) I en liten skål, vispa ihop balsamvinäger, honung och olivolja för att göra dressingen.

b) I en stor skål, kombinera nasturtiumblad och blommor, rostade rödbetsskivor, babyspenat, smulad ädelost och hackade valnötter.

c) Ringla över dressing och rör försiktigt för att täcka. Krydda med salt och peppar efter smak. Servera omedelbart.

45.Nasturtium och kycklingsallad

INGREDIENSER:

- 2 koppar nasturtiumblad och blommor, tvättade och torkade
- 2 benfria, skinnfria kycklingbröst, kokta och tärnade
- 4 koppar blandade gröna
- 1/4 kopp skivad mandel, rostad
- 1/4 kopp torkade tranbär
- 2 msk äppelcidervinäger
- 1 matsked honung
- 3 matskedar extra virgin olivolja
- Salta och peppra efter smak

INSTRUKTIONER:

a) I en liten skål, vispa ihop äppelcidervinäger, honung och olivolja för att göra dressingen.

b) I en stor skål, kombinera nasturtiumblad och blommor, tärnade kycklingbröst, blandade grönsaker, skivad mandel och torkade tranbär.

c) Ringla över dressing och rör försiktigt för att täcka. Krydda med salt och peppar efter smak. Servera omedelbart.

MAKSKLOSSALADER

46.Maskros och chorizosallad

INGREDIENSER:
- En salladsskål med unga maskrosblad
- 2 skivor Bröd, skivat
- 4 matskedar olivolja
- 150 gram Chorizo, tjockt skivad
- 2 vitlöksklyftor, hackade
- 1 msk rödvinsvinäger
- Salt och peppar

INSTRUKTIONER:
a) Plocka över maskrosbladen, skölj och torka i en ren kökshandduk. Lägg i en serveringsskål.
b) Skär skorpor från brödet och skär det i tärningar. Hetta upp hälften av olivoljan i en stekpanna.
c) Stek krutongerna på måttlig värme, vänd ofta, tills de fått ganska jämn färg.
d) Låt rinna av på hushållspapper. Torka av pannan och tillsätt den återstående oljan. Stek chorizo eller lardon på hög värme tills de fått färg.
e) Tillsätt vitlöken och fräs ytterligare några sekunder, dra sedan av värmen. Ta bort chorizon med en hålslev och strö över salladen.
f) Låt kastrullen svalna en minut, rör ner vinägern och häll allt över salladen.
g) Strö över krutongerna, smaka av med salt och peppar, rör om och servera.

47.Maskrossallad med Açaí bärdressing

INGREDIENSER:

AÇAÍ BERRY DRESSING

- Ett 100-grams paket med osötad Açaí, en rumstemperatur
- ¼ kopp kokosolja
- ¼ kopp äppelcidervinäger
- 2 matskedar honung
- 1 msk chiafrön
- 1 tsk havssalt

SALLAD

- 2 dl tunt skivad grönkål
- 2 dl tunt skivad napakål
- 1 kopp tunt skivade maskrosgrönt
- 1 dl tunt skivad rödkål
- ½ kopp tunt skivad basilika
- ½ kopp strimlade rödbetor
- ½ kopp strimlade morötter
- ½ kopp rostade pumpafrön
- Solros groddar

INSTRUKTIONER:

a) För att göra Açaí Berry Dressing: Mixa alla ingredienser i en matberedare eller mixer tills den är slät.

b) Lägg grönkålen i en stor skål. Ringla några matskedar på grönkålen och massera till pälsen. Lägg alla andra grönsaker i skålen och ringla över extra dressing som du vill.

c) Strö på pumpafrön och groddar och blanda ihop. Njut av näringen!

48.Maskros och chorizosallad

INGREDIENSER:

- En salladsskål med unga maskrosblad
- 2 skivor Bröd, skivat
- 4 matskedar olivolja
- 150 gram Chorizo, tjockt skivad
- 2 vitlöksklyftor, hackade
- 1 msk rödvinsvinäger
- Salt och peppar

INSTRUKTIONER:

a) Plocka över maskrosbladen, skölj och torka i en ren kökshandduk. Lägg i en serveringsskål.

b) Skär skorpor från brödet och skär det i tärningar. Hetta upp hälften av olivoljan i en stekpanna.

c) Stek krutongerna på måttlig värme, vänd ofta, tills de fått ganska jämn färg.

d) Låt rinna av på hushållspapper. Torka av pannan och tillsätt den återstående oljan. Stek chorizo eller lardon på hög värme tills de fått färg.

e) Tillsätt vitlöken och fräs ytterligare några sekunder, dra sedan av värmen. Ta bort chorizon med en hålslev och strö över salladen.

f) Låt kastrullen svalna en minut, rör ner vinägern och häll allt över salladen.

g) Strö över krutongerna, smaka av med salt och peppar, rör om och servera.

49.Maskrossallad

INGREDIENSER:

- 4 koppar färska maskrosgrönt
- 1 dl körsbärstomater, halverade
- 1/2 dl fetaost, smulad
- 1/4 kopp balsamvinägrett
- Salta och peppra efter smak

INSTRUKTIONER:

a) Tvätta och torka maskrosgrönt.

b) Kasta maskrosgrönt, körsbärstomater och fetaost.

c) Ringla över balsamvinägrett. Krydda med salt och peppar.

50.Rostad Pattypan Squash sallad

INGREDIENSER:

PESTO

- 1-ounce maskrosgrönt, trimmade och rivna i lagom stora bitar
- 3 msk rostade solrosfrön
- 3 matskedar vatten
- 1 msk lönnsirap
- 1 msk cidervinäger
- 1 vitlöksklyfta, finhackad
- ¼ tesked bordssalt
- ⅛ tesked röd paprikaflingor
- ¼ kopp extra virgin olivolja

SALLAD

- 2 matskedar extra virgin olivolja
- 2 tsk lönnsirap
- ½ tsk matsalt
- ⅛ tesked peppar
- 1½ pund baby pattypan squash, halverad horisontellt
- 4 majsax, kärnor skurna från kolven
- 1 pund mogna tomater, urkärnade, skurna i ½ tum tjocka klyftor och klyftor halverade på tvären
- 1 uns maskrosgrönt, trimmade och rivna i lagom stora bitar (1 kopp)
- 2 msk rostade solrosfrön

INSTRUKTIONER:

FÖR PESTO:

a) Justera ugnsgallret till det lägsta läget, placera den kantade bakplåten på gallret och värm ugnen till 500 grader.

b) Bearbeta maskrosgrönt, solrosfrön, vatten, lönnsirap, vinäger, vitlök, salt och pepparflingor i en matberedare tills de är finmalda, cirka 1 minut, skrapa ner sidorna av skålen efter behov.

c) Med processorn igång, ringla långsamt i olja tills den är inkorporerad.

FÖR SALLAD:

d) Vispa ihop olja, lönnsirap, salt och peppar i en stor skål. Tillsätt squash och majs och rör om. Arbeta snabbt, fördela grönsaker i ett enda lager på ett hett plåt, lägg squash med snittsidan nedåt.

e) Rosta tills den skurna sidan av squashen är brun och mjuk, 15 till 18 minuter. Överför pannan till ett galler och låt svalna något i cirka 15 minuter.

f) Kombinera rostad squash och majs, hälften av pesto, tomater och maskrosgrönt i en stor skål och blanda försiktigt för att kombinera.

g) Ringla över resterande pesto och strö över solrosfrön. Tjäna.

51.Salladsburk med tomat, pumpa och maskros

INGREDIENSER:
- 1/2 kopp kokt, tärnad pumpa
- 1/2 kopp tomater
- 1/2 kopp skivad gurka
- 1/2 dl Maskrosblad

KLÄ PÅ SIG:
- 1 msk. olivolja och 1 msk. av Chlorella
- 1 msk. färsk citronsaft och nypa havssalt

INSTRUKTIONER:
a) Lägg ingredienserna i denna ordning: dressing, tomater, gurkor, pumpa och maskrosblad.

52.Kikärts-, tomat- och paprikasallad i en burk

INGREDIENSER:
- 3/4 kopp kikärter
- 1/2 kopp tomater och 1/2 kopp maskrosblad
- 1/2 kopp skivad gurka
- 1/2 kopp gul paprika

KLÄ PÅ SIG:
- 1 msk. olivolja och 2 msk. Grekisk yoghurt
- 1 msk. färsk citronsaft och nypa havssalt

INSTRUKTIONER:
a) Lägg ingredienserna i denna ordning: dressing, gurka, tomat, kikärter, paprika och maskrosblad.

53.grönbetor, morötter, betor och körsbärstomater

INGREDIENSER:
- 1 kopp packade rödbetor
- 1/2 kopp skivade morötter
- 1 kopp körsbärstomater
- 1 kopp skivad betor
- 1/2 dl Maskrosblad

KLÄ PÅ SIG:
- 1 msk. olivolja eller avokadoolja
- 1 msk. färsk citronsaft
- nypa svartpeppar
- nypa havssalt och en finhackad vitlöksklyfta (valfritt)

INSTRUKTIONER:
a) Blanda alla ingredienser.

54.Tomat, kyckling, gurka, maskrossallad i en burk

INGREDIENSER:

- 1/2 dl grillad kyckling
- 1/2 kopp tomater
- 1/2 kopp skivad gurka
- 1/2 dl Maskrosblad

KLÄ PÅ SIG:

- 1 msk. olivolja och 2 msk. Grekisk yoghurt
- 1 msk. färsk citronsaft och nypa havssalt

INSTRUKTIONER:

a) Lägg ingredienserna i denna ordning: dressing, kyckling, tomat, gurka och maskros.

55.Couscous, kyckling och maskrossallad

INGREDIENSER:

FÖR SALLAD
- 4 benfria kycklingbröst utan skinn
- 7 uns påse grönkål
- ½ pund rivna maskrosgrönt
- några tunna skivor rödlök
- 1/2 söt röd paprika, skivad i strimlor
- 1 1/2 dl druvtomater halverade
- 1 morot, skivad i band
- 1 blodapelsin, halverad och lätt grillad

FÖR MARINADEN:
- 2 msk färskpressad citronsaft
- 1 tsk torkad oregano
- 1 tsk vitlök, pressad
- kosher salt efter smak
- färskmalen svartpeppar efter smak

FÖR DEN VIT BALSAMISK VINAIGRETEN:
- 1/4 kopp basilikablad
- 3 msk vit balsamvinäger
- 2 msk hackad schalottenlök
- 1 msk vatten
- 2 msk extra virgin olivolja
- nypa salt och nymald svartpeppar

INSTRUKTIONER:
a) Blanda ingredienserna till marinaden - citronsaft, oregano, vitlökspuré, salt och svartpeppar och häll över kycklingen låt det marinera.
b) Lägg alla vinägrettingredienser i en mixer och mixa tills det är slätt. Avsätta.
c) Grilla kycklingen tills den fått fin färg på båda sidor.
d) Lägg grönsakerna i lager och toppa med kycklingen och ringla över balsamicodressing.

56.Maskrospastasallad

INGREDIENSER:

- 3 dl kokt pasta
- 2 msk vinäger
- 1½ dl tärnade tomater, avrunna
- 1 msk olivolja
- 1 kopp maskrosgrönt, förkokt
- 8 oliver, skivade
- 2 vild purjolök, hackad, grönt och allor 2 msk hackad lök
- ½ tsk salt

INSTRUKTIONER:

a) Kombinera och njut!

57.Visnade maskrosgröna med bacon

INGREDIENSER:

- 1 msk hela senapsfrö
- 2 tsk klarat smör eller ghee
- 4 uns beteshöjt bacon, hackat
- 1 liten schalottenlök, hackad
- 1 pund unga maskrosgrönt
- 2 tsk rödvinsvinäger

INSTRUKTIONER:

a) Placera en stekpanna av gjutjärn eller rostfritt stål på hög värme. Tillsätt de hela senapsfröna i stekpannan och rosta dem försiktigt tills de släpper sin doft, cirka två minuter. Överför de rostade senapsfröna till en skål eller skål för att svalna.

b) Sänk värmen till medium. Tillsätt en tesked klarat smör eller ghee i stekpannan och låt det smälta tills det börjar skumma. Tillsätt det hackade baconet i stekpannan och stek det tills det blir knaprigt och fettet återgår. Överför det knapriga baconet till fatet med de rostade senapsfröna.

c) Tillsätt den hackade schalottenlöken i samma stekpanna med det återstående baconfettet. Stek schalottenlöken tills den doftar och mjuknar, cirka tre minuter.

d) Rör ner maskrosgrönt i stekpannan med den mjukade schalottenlöken och baconfettet. Stäng omedelbart av värmen eftersom grönsakerna vissnar i restvärmen i stekpannan.

e) Häll rödvinsvinägern över de vissnade maskrosgrönterna och fortsätt att röra om tills grönsakerna vissnat efter din smak.

f) Överför de vissnade maskrosgrönterna till ett serveringsfat. Strö över de rostade senapsfröna och knäckt bacon.

g) Servera de vissnade maskrosgrönsakerna omedelbart som ett utsökt tillbehör eller en lätt måltid.

PRIMROSE SALADER

58.Sommarsallad med tofu och Primrose

INGREDIENSER:

FÖR SOMMARSALADEN:

- 2 huvuden smörsallat
- 1 pund lammsallat
- 2 gyllene kiwi använder grönt om gyllene inte är tillgängligt
- 1 näve nattljus
- 1 näve valnötter
- 2 tsk solrosfrön valfritt
- 1 citron

FÖR TOFU FETA:

- 1 block tofu använde jag extra fast
- 2 msk äppelcidervinäger
- 2 matskedar färsk citronsaft
- 2 msk vitlökspulver
- 2 msk lökpulver
- 1 tsk dill färsk eller torr
- 1 nypa salt

INSTRUKTIONER:

a) Skär den extra fasta tofun i tärningar i en skål, tillsätt alla övriga ingredienser och mosa med en gaffel.

b) Lägg i en försluten behållare och förvara i kylen ett par timmar.

c) För att servera, arrangera de större bladen på botten av din stora skål: smörsallaten och lammsallaten ovanpå.

d) Skiva kiwi och lägg dem ovanpå salladsbladen.

e) Strö några valnötter och solrosfrön i skålen.

f) Plocka och noggrant dina ätbara blommor. Lägg dem försiktigt runt din sallad.

g) Ta ut tofufetan ur kylen, vid det här laget ska du kunna skära i den/smula ner den. Lägg några stora bitar runt om.

h) Juice en halv citron överallt och lägg den andra halvan till bordet för att tillsätta lite.

59.Primrosa och Citrussallad

INGREDIENSER:

- 2 dl primula blommor, tvättade och torkade
- 2 apelsiner, segmenterade
- 1 grapefrukt, segmenterad
- 4 koppar blandade gröna
- 1/4 kopp skivad mandel, rostad
- 1/4 kopp smulad fetaost
- 2 msk citronsaft
- 1 matsked honung
- 3 matskedar extra virgin olivolja
- Salta och peppra efter smak

INSTRUKTIONER:

a) I en liten skål, vispa ihop citronsaft, honung och olivolja för att göra dressingen.

b) I en stor skål, kombinera primula blommor, apelsin segment, grapefrukt segment, blandade gröna, skivad mandel och smulad fetaost.

c) Ringla över dressing och rör försiktigt för att täcka. Krydda med salt och peppar efter smak. Servera omedelbart.

60.Primrose och jordgubbssallad

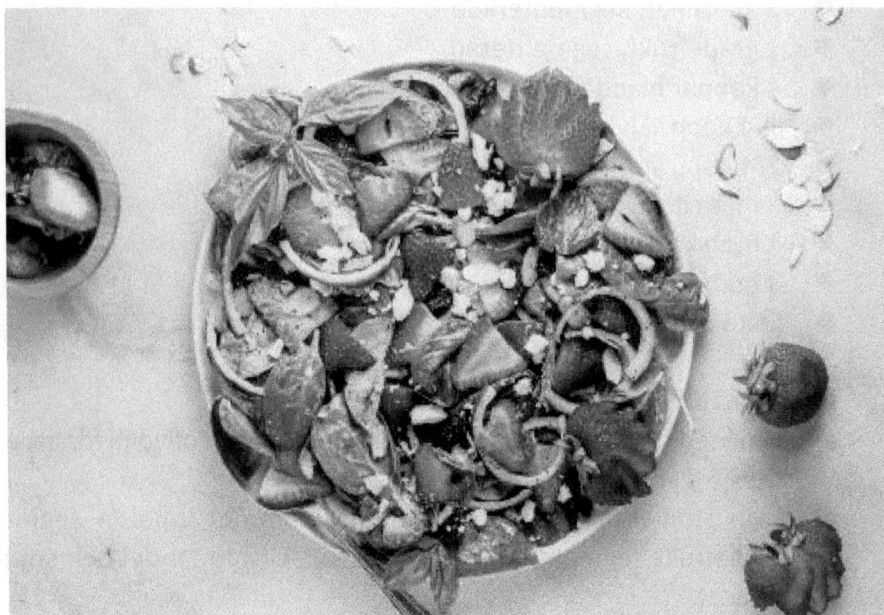

INGREDIENSER:

- 2 dl primula blommor, tvättade och torkade
- 2 dl färska jordgubbar, skivade
- 4 dl babyspenat
- 1/4 kopp skivad rödlök
- 1/4 kopp smulad getost
- 1/4 kopp hackade valnötter, rostade
- 2 msk balsamvinäger
- 1 matsked honung
- 3 matskedar extra virgin olivolja
- Salta och peppra efter smak

INSTRUKTIONER:

a) I en liten skål, vispa ihop balsamvinäger, honung och olivolja för att göra dressingen.

b) I en stor skål, kombinera primula blommor, skivade jordgubbar, babyspenat, skivad rödlök, smulad getost och hackade valnötter.

c) Ringla över dressing och rör försiktigt för att täcka. Krydda med salt och peppar efter smak. Servera omedelbart.

61.Primrose och Quinoa sallad

INGREDIENSER:
- 2 dl primula blommor, tvättade och torkade
- 2 koppar kokt quinoa, kyld
- 1/2 kopp tärnad gurka
- 1/2 kopp tärnad röd paprika
- 1/4 kopp hackad färsk persilja
- 1/4 kopp smulad fetaost
- 2 msk citronsaft
- 1 matsked honung
- 3 matskedar extra virgin olivolja
- Salta och peppra efter smak

INSTRUKTIONER:
a) I en liten skål, vispa ihop citronsaft, honung och olivolja för att göra dressingen.
b) I en stor skål, kombinera primula blommor, kokt quinoa, tärnad gurka, tärnad röd paprika, hackad persilja och smulad fetaost.
c) Ringla över dressing och rör försiktigt för att täcka. Krydda med salt och peppar efter smak. Servera kyld eller i rumstemperatur.

62.Primrose och kycklingsallad

INGREDIENSER:

- 2 dl primula blommor, tvättade och torkade
- 2 benfria, skinnfria kycklingbröst, kokta och tärnade
- 4 koppar blandade gröna
- 1/4 kopp torkade tranbär
- 1/4 kopp skivad mandel, rostad
- 1/4 kopp smulad ädelost
- 2 msk äppelcidervinäger
- 1 matsked honung
- 3 matskedar extra virgin olivolja
- Salta och peppra efter smak

INSTRUKTIONER:

a) I en liten skål, vispa ihop äppelcidervinäger, honung och olivolja för att göra dressingen.

b) I en stor skål, kombinera primula blommor, tärnade kycklingbröst, blandade gröna, torkade tranbär, skivad mandel och smulad ädelost.

c) Ringla över dressing och rör försiktigt för att täcka. Krydda med salt och peppar efter smak. Servera omedelbart.

GURTURSALLADER

63.Gurkört Och Gurkor I Gräddfil

INGREDIENSER:

- 3 Långa gurkor
- Salt
- ½ pint gräddfil
- 2 msk risvinäger
- ½ tsk sellerifrö
- ¼ kopp hackad salladslök
- 1 tsk socker
- Salt och peppar
- ¼ kopp Unga gurkörtsblad, finhackade

INSTRUKTIONER:

a) Tvätta, kärna ur och skiva gurkan tunt.
b) Salta lätt och låt stå i ett durkslag i 30 minuter för att rinna av. Skölj och klappa torrt.
c) Blanda resten av ingredienserna, smaka av med salt och peppar.
d) Tillsätt gurka och rör om lätt.
e) Garnera med gurkörtsblommor eller gräslök.

64.Gurkört och jordgubbssallad

INGREDIENSER:

- Färska gurkörtsblad
- Färska jordgubbar, skivade
- Babyspenatblad
- Getost, smulad
- Rostad mandel, hackad
- Balsamico glasyr

INSTRUKTIONER:

a) Tvätta och torka gurkörtsbladen och babyspenatbladen.
b) I en salladsskål, kombinera gurkörtsbladen, babyspenat, skivade jordgubbar, smulad getost och hackad rostad mandel.
c) Ringla över balsamicoglasyr precis innan servering och blanda försiktigt för att kombinera.
d) Njut av denna härliga blandning av smaker och texturer!

65.Gurkört och avokadosallad

INGREDIENSER:
- Färska gurkörtsblad
- Mogen avokado, tärnad
- Blandad grönsallad
- Röd paprika, tunt skivad
- Rödlök, tunt skivad
- Citronvinägrettdressing
- Rostade pinjenötter

INSTRUKTIONER:
a) Tvätta och torka gurkörtsbladen och blandade salladsgrönsaker.
b) I en stor salladsskål, kombinera gurkörtsbladen, blandade gröna, tärnade avokado, skivad röd paprika och skivad rödlök.
c) Ringla över citronvinägrettdressing och rör försiktigt för att täcka.
d) Strö över rostade pinjenötter precis innan servering för extra crunch och smak.

66.Gurkört och citrussallad

INGREDIENSER:

- Färska gurkörtsblad
- Orange segment
- Grapefruktsegment
- Baby grönkålsblad
- Granatäpple
- Rostade valnötter, hackade
- Citrusvinägrettdressing

INSTRUKTIONER:

a) Tvätta och torka gurkörtsbladen och grönkålsbladen.

b) I en salladsskål, kombinera gurkörtsbladen, grönkål, apelsinsegment, grapefruktsegment och granatäpple.

c) Ringla över citrusvinägrettdressing och rör försiktigt för att täcka.

d) Strö över hackade rostade valnötter precis innan servering för extra konsistens och nötighet.

67.Couscous och Gurkört Örtsallad

INGREDIENSER:

- 1 kopp couscous, torr
- 1 dl kokande vatten
- Pressa citronsaft
- 1 msk olivolja eller kokosolja
- 5 spenatblad, strimlade (helst av typen 'Bright Lights')
- En handfull raket, strimlad
- 1 knippe vårlök (eller rödlök), finhackad
- En handfull gurkörtsblad, fint strimlad
- ¼ kopp rostade sesamfrön
- Nypa korianderpulver
- Salta och peppra efter smak
- 2 matskedar olivolja
- Saft av 1 hel citron (tillsätt lite rivet skal för extra kraft)

INSTRUKTIONER:

a) I en skål, tillsätt torr couscous, kokande vatten, pressa citronsaft och 1 matsked olivolja eller kokosolja. Täck skålen med en tallrik och låt den dra i cirka 15 minuter. När den har blötlagts, fluffa upp couscousen med en gaffel och låt den svalna.

b) Efter att couscousen har svalnat, tillsätt de strimlade spenatbladen, rucola, finhackad vårlök (eller rödlök), finstrimlade gurkörtsblad, rostade sesamfrön, korianderpulver, salt och peppar.

c) Ringla 2 msk olivolja över salladen och pressa saften av 1 hel citron. Lägg eventuellt till lite rivet citronskal för extra smak.

d) Blanda allt noggrant och låt smakerna smälta ihop i ungefär en timme.

e) Servera salladen som bas till kyckling- eller fiskrätter, eller njut av den med tillsatt avokado, kronärtskockor och fetaost som ett vegetariskt alternativ.

f) Garnera med gurkörtsblommor och gula oxalisblommor, eller valfria ätbara blommor, för en visuellt tilltalande presentation.

g) Denna lätta men rejäla sallad kan förvaras i kylen i några dagar, vilket gör den till en bekväm och mångsidig rätt.

68.Pasta med ricotta, gurkört och gröna bönor

INGREDIENSER:

- 1 lb./500 g. gurkört
- 8 oz./250 g. ricotta
- 7 oz./200 g. kort pasta, såsom penne
- 7 oz/200 g. gröna bönor
- 3⅓ msk/50 g. mjölk
- 3 ⅓ msk. 50 g. mandlar med flagnande skal
- 4 hallon
- Timjan
- Gurkört blommor
- Extra virgin olivolja
- Salt
- Peppar

INSTRUKTIONER:

a) Tvätta gurkörten noggrant, separera stjälkarna från bladen. Koka upp en kastrull med vatten och tillsätt salt. Koka gurkörtsbladen i det kokande vattnet i 5 minuter. Häll sedan av och ställ åt sidan.

b) Skär gurkörtsstjälkarna i bitar som är lika stora som pastan.

c) Tvätta de gröna bönorna, putsa ändarna och skär dem i 2-tums bitar. Koka haricots verts i samma vatten som användes till gurkörtsbladen i 5 minuter. Häll av och låt dem svalna.

d) I en mixer kombinerar du ricottan med de kokta gurkörtsbladen, 2 matskedar hackad timjan, mjölk och en nypa salt. Mixa tills det blir slät för att göra ricottakrädden.

e) Koka upp ytterligare en kastrull med vatten, tillsätt salt och koka pastan tillsammans med gurkörtsstjälkarna tills den är al dente. Häll av pastan.

f) I en stor mixerskål, kombinera den avrunna pastan med de kokta haricots verts. Krydda med olivolja, salt och peppar efter smak.

g) Bred ut ricottakrädden på serveringsfat. Tillsätt pastan och haricots vertsblandningen ovanpå.

h) Garnera rätten med hackade hallon, mandel och gurkörtsblommor.

i) Servera och njut av denna härliga pasarätt med smakerna av ricotta, gurkört och gröna bönor som kombineras vackert.

KRYSANTEMUMSALADER

69.Rödkål med krysantemum s

INGREDIENSER:

- 1 rödkål, urkärnad och tunt
- ¼ kopp smör
- 1 lök, skivad i ringar
- 2 stora äpplen, skalade, urkärnade, tunt skivade
- 2 matskedar Gula krysantemumblad
- 2 matskedar Farinsocker
- Kallt vatten
- 4 matskedar rödvinsvinäger
- Havssalt
- Peppar
- Smör
- Färska kronblad av krysantemum

INSTRUKTIONER:

a) Blanchera rödkålen i kokande vatten i 1 minut.
b) Låt rinna av, fräscha upp och ställ åt sidan. Hetta upp smöret i en stekpanna, lägg i lökringarna och låt svettas i 4 minuter tills det är mjukt.
c) Rör ner äppelskivorna och koka i ytterligare 1 minut.
d) Lägg kålen i en djup flamsäker gryta med tättslutande lock.
e) Blanda i löken, äpplena och krysantemumbladen och vänd alla ingredienser så att de blir väl belagda med smöret.
f) Strö över sockret och häll i vatten och vinäger. Krydda lätt.
g) Tillaga på låg värme, eller i ugnen på 325F/170/gas 3 i 1½ - 2 timmar, tills kålen är mjuk.
h) Precis innan servering, lägg i en rejäl klick smör och några färska krysantemumblad.

70.Krysantemum och mandarinsallad

INGREDIENSER:
- 2 koppar krysantemumblad, tvättade och torkade
- 2 mandarin apelsiner, skalade och segmenterade
- 1/4 kopp skivad mandel, rostad
- 1/4 kopp smulad fetaost
- 2 msk balsamvinäger
- 1 matsked honung
- Salta och peppra efter smak

INSTRUKTIONER:
a) I en stor skål kombinerar du krysantemumbladen, mandarin-apelsinsegmenten, rostade skivade mandlar och smulad fetaost.
b) I en liten skål, vispa ihop balsamvinäger, honung, salt och peppar för att göra dressingen.
c) Ringla dressingen över salladen och rör om försiktigt för att täcka.
d) Servera genast som en uppfriskande och färgglad sallad.

71.Krysantemum och Quinoa sallad

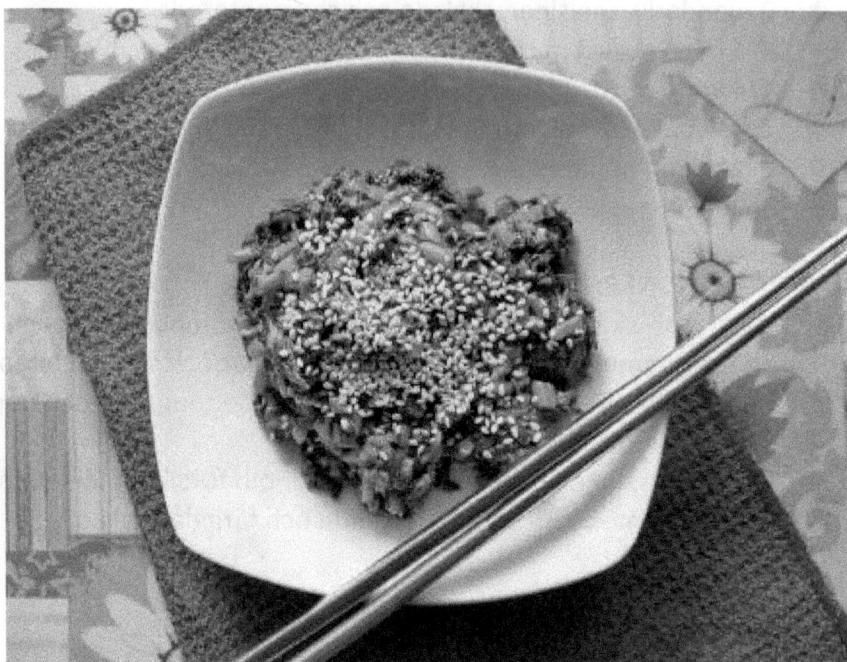

INGREDIENSER:

- 2 koppar krysantemumblad, tvättade och torkade
- 1 kopp kokt quinoa, kyld
- 1/2 gurka, tärnad
- 1/2 röd paprika, tärnad
- 1/4 kopp smulad getost
- 2 msk hackad färsk mynta
- Saften av 1 citron
- 2 matskedar olivolja
- Salta och peppra efter smak

INSTRUKTIONER:

a) I en stor skål, kombinera krysantemumbladen, kokt quinoa, tärnad gurka, tärnad röd paprika, smulad getost och hackad färsk mynta.

b) I en liten skål, vispa ihop citronsaft, olivolja, salt och peppar för att göra dressingen.

c) Ringla dressingen över salladen och blanda försiktigt.

d) Servera kyld eller i rumstemperatur som ett näringsrikt och smakrikt salladsalternativ.

72.Krysantemum och kycklingsallad

INGREDIENSER:

- 2 koppar krysantemumblad, tvättade och torkade
- 1 kopp kokt kycklingbröst, strimlat
- 1/2 dl körsbärstomater, halverade
- 1/4 kopp skivad rödlök
- 1/4 kopp smulad ädelost
- 2 msk hackad färsk persilja
- 2 msk balsamicoglasyr
- Salta och peppra efter smak

INSTRUKTIONER:

a) I en stor skål, kombinera krysantemumbladen, strimlat kycklingbröst, halverade körsbärstomater, skivad rödlök, smulad ädelost och hackad färsk persilja.

b) Ringla balsamicoglasyren över salladen och rör om försiktigt för att täcka.

c) Krydda med salt och peppar efter smak.

d) Servera omedelbart som ett proteinfyllt salladsalternativ.

VIOLOR OCH PENSYSALADER

73.Sparris pensésallad

INGREDIENSER:
SPARRISSALLAD
- 1 knippe sparris
- 5 rädisor, tunt skivade
- 3 salladslökar, bara skivade gröna toppar
- citronskal från en citron

CITRONVINAIGRETT
- ¼ kopp citronsaft
- 2 matskedar lätt olivolja
- 2 tsk socker
- salt och peppar efter smak

GARNERING
- Citronskivor
- Ekologiska gula penséer

INSTRUKTIONER:
a) Börja koka vatten för att ånga sparrisen.

b) Förbered en skål med isvatten för att chocka sparrisen när den är kokt.

c) Ångkoka sparrisen i 5 minuter, eller tills den är mjuk men fortfarande knaprig.

d) Chocka sparrisen i isvatten och skär sedan sparrisen i 2-tums bitar.

CITRONVINAIGRETT
e) Blanda citronsaften och sockret och låt stå tills sockret lösts upp.

f) Tillsätt oljan och smaka av med salt och peppar.

SPARRISSALLAD
g) Om du har tid, marinera sparrisen i dressingen i 30 minuter.

h) Tillsätt rädisor och salladslök och rör om.

i) Garnera med citronskivor och färska penséer och servera genast.

74.Pansy Ruccolasallad

INGREDIENSER:
- 6 koppar baby ruccola
- 1 äpple, mycket tunt skivat
- 1 morot
- ¼ rödlök, mycket tunt skivad
- en handfull olika färska örter som basilika, oregano, timjan, bara blad
- 2 uns krämig getost, använd krossade pistagenötter för vegan
- Penséer, stjälken borttagen

VINÄGRETT
- ¼ kopp blodapelsin
- 3 matskedar olivolja
- 3 matskedar champagnevinäger
- nypa salt

INSTRUKTIONER:
a) Vispa ihop vinägretten, anpassa någon av ingredienserna efter din smak.
b) Lägg grönsakerna i en bred salladsskål.
c) Skala och raka moroten i tunna strimlor med hjälp av en grönsaksskalare.
d) Lägg till det gröna tillsammans med äppelskivorna, löken och örterna.
e) Blanda med dressingen och garnera salladen med smulor av getost och penséer.
f) Servera omedelbart.

75.Viola och blandad grönsallad

INGREDIENSER:

- 4 koppar blandad grönsallad (som spenat, ruccola och sallad)
- 1/2 dl Violablommor, sköljda och klappade torra
- 1/4 kopp körsbärstomater, halverade
- 1/4 kopp gurka, skivad
- 1/4 kopp rödlök, tunt skivad
- 1/4 kopp smulad fetaost
- 2 msk rostade pinjenötter eller pekannötter
- Balsamvinägrettdressing

INSTRUKTIONER:

a) I en stor salladsskål, kombinera de blandade grönsakerna, violablommor, körsbärstomater, gurkskivor, rödlökskivor, smulad fetaost och rostade pinjenötter.

b) Ringla över balsamvinägrettdressing och rör försiktigt för att täcka.

c) Servera omedelbart som en levande och uppfriskande sallad.

76.Viola och citrussallad

INGREDIENSER:

- 3 dl babyspenatblad
- 1/2 dl Violablommor, sköljda och klappade torra
- 1/4 kopp apelsinsegment
- 1/4 kopp grapefruktsegment
- 2 msk skivad mandel, rostad
- 2 matskedar honung
- Saften av 1 citron
- Skal av 1 citron

INSTRUKTIONER:

a) Lägg upp babyspenatbladen på ett serveringsfat.
b) Strö Violablommor, apelsinsegment och grapefruktsegment över spenatbladen.
c) Strö över rostade skivad mandel.
d) I en liten skål, vispa ihop honung, citronsaft och citronskal för att göra dressingen.
e) Ringla dressingen över salladen precis innan servering.
f) Kasta försiktigt för att kombinera och njut av de ljusa och citrusiga smakerna.

77.Viola och getostsallad

INGREDIENSER:

- 4 koppar blandad grönsallad
- 1/2 dl Violablommor, sköljda och klappade torra
- 1/4 kopp smulad getost
- 1/4 kopp rostade valnötter, hackade
- 1/4 kopp färska hallon
- 2 msk hallonvinäger
- 2 matskedar extra virgin olivolja
- 1 tsk dijonsenap
- Salta och peppra efter smak

INSTRUKTIONER:

a) Placera de blandade grönsakerna i en stor salladsskål.
b) Strö Violablommor, smulad getost, rostade valnötter och färska hallon över grönsakerna.
c) Kombinera hallonvinäger, olivolja, dijonsenap, salt och peppar i en liten burk med tättslutande lock. Skaka kraftigt för att emulgera dressingen.
d) Ringla hallonvinägretten över salladen precis innan servering.
e) Kasta försiktigt för att belägga salladsingredienserna med dressingen.
f) Servera omedelbart och njut av den härliga kombinationen av smaker.

78.Grön sallad med ätbara blommor

INGREDIENSER:

- 1 tsk rödvinsvinäger
- 1 tsk dijonsenap
- 3 matskedar extra virgin olivolja
- Grovt salt och nymalen peppar
- 5 ½ uns mjuka babysalladsgrönsaker
- 1 paket oprayade violor eller andra ätbara blommor

INSTRUKTIONER:

a) Blanda vinäger och senap i en skål.
b) Vispa gradvis i olja, krydda sedan dressingen med salt och peppar.
c) Kasta dressingen med grönt och toppa med blommor. Servera omedelbart.

MIKROGRÖNA OCH GRODER SALLAD S

79.Squash, Mikrogröna och Quinoasallad

INGREDIENSER:
VEGAN SESAM-VITLÖKSDRESSING
- 1 msk tahinipasta
- 2 msk olivolja
- 2 vitlöksklyftor
- 2 msk oregano
- 2 matskedar koriander
- ½ Jalapeno (valfritt)
- 3 matskedar äppelcidervinäger
- Salta och peppra efter smak

ROSTAD SQUASHSALLAD
- 1 Acorn Squash (tärnad i lagom stora bitar)
- 1 msk olivolja
- 1 msk röda chiliflakes
- Salt
- ½ kopp Mikrogröna
- ¼ kopp Quinoa, kokt
- Salt

INSTRUKTIONER:
a) Värm ugnen till 425 grader F.
b) Ringla olivolja över squashen och blanda väl, lägg sedan squashen i ett enda lager på en plåt, krydda med salt och chili.
c) Rosta squashen i 25 minuter.
d) För att förbereda dressingen, blanda alla ingredienser i en matberedare och mixa tills den är slät.
e) Lägg över squashen i en salladsskål när den är mjuk. Häll i hälften av dressingen med quinoan. Strax före servering, släng i mikrogrönaen och ringla över resten av dressingen.

80.Vår Mikrogröna sallad

INGREDIENSER:
SALLAD:
- 1 kopp mikrogrönt valfritt
- 1 blodapelsin skuren i små bitar
- 1/2 avokado i tärningar
- 1/2 kopp julienned daikonrädisa
- 1/4 kopp valnötsbitar

KLÄ PÅ SIG:
- 1 matskedar. kallpressad olivolja
- 1 matskedar. citron juice
- 1 hackad vitlöksklyfta
- En skvätt salt och peppar

INSTRUKTIONER:
a) Blanda alla ingredienserna till salladen i en stor bunke.
b) I en stängd behållare, kombinera ingredienserna till dressingen och skaka väl. Kasta och servera!

81.Regnbågssallad

INGREDIENSER:

- 1 (5 oz.) paket smörhuvudssallad
- 1 (5 oz.) förpackning ruccola
- 1 (5 oz.) förpackning Mikrogröna
- 1 tunt skivad vattenmelonrädisa
- 1 tunt skivad lila rädisa
- 1 tunt skivad grön rädisa
- 3 regnbågsmorötter, rakade till band
- 1/2 kopp tunt skivade snapsärtor
- 1/4 kopp rödkål, strimlad
- 2 schalottenlök, skurna i ringar
- 2 blodapelsiner, segmenterade
- 1/2 kopp blodapelsinjuice
- 1/2 kopp extra virgin olivolja
- 1 msk rödvinsvinäger
- 1 msk torkad oregano
- 1 matsked honung
- Salta och peppra, efter smak
- för garnering ätbara blommor

INSTRUKTIONER:

a) Blanda olivolja, rödvinsvinäger och oregano i en behållare. Tillsätt schalottenlök och låt marinera i minst 2 timmar på bänken.

b) Ställ schalottenlöken åt sidan.

c) I en burk, vispa samman apelsinjuice, olivolja, honung och en touch av salt och peppar tills den är tjock och slät. Krydda med salt och peppar efter smak.

d) Kasta mikrogröna, sallad och ruccola med cirka 1/4 kopp av vinägretten i en mycket stor blandningsskål.

e) Kasta ihop hälften av rädisorna, morötterna, ärtorna, schalottenlöken och apelsinsegmenten.

f) Montera allt i ett färgglatt mönster.

g) Lägg till extra vinägrett och ätbara blommor för att avsluta.

82.Bittersöt sallad

INGREDIENSER:

KLÄ PÅ SIG:
- 1/2 kopp blodapelsinjuice
- 1/4 kopp lönnsirap
- 2 T citronsaft

SALLAD:
- 1 liten radicchio, riven i lagom storlek
- 1/2 kopp tunt skivad lilakål
- 1/4 liten rödlök, finhackad
- 3 rädisor, skurna i tunna skivor
- 1/2 kopp färsk skuren Kål Mikrogröna
- 1 T olivolja
- salt och peppar efter smak
- 1 blodapelsin, skalad och vit kärna borttagen; segmenterade
- 1/3 kopp ricottaost
- 1/4 kopp granatäpplekärnor
- 1/4 kopp pinjenötter, rostade

INSTRUKTIONER:
a) För dressingen: Blanda alla ingredienser i en liten kastrull och låt sjuda lätt.
b) Låt svalna i 20-25 minuter, eller tills du får en tjock sirap på ca 4 T. Låt svalna innan servering.
c) För salladen: Kombinera radicchio, kål, lök, rädisa och mikrogrönt i en mixerskål.
d) Blanda försiktigt med olivolja, salt och peppar. Prick med små skedar ricottaost på ett serveringsfat.
e) Ringla blodapelsinsirap över toppen och strö pinjenötter och granatäpplekärnor ovanpå.

83.Vild ris och mikrogrön sallad

INGREDIENSER:
- 1/2 kopp vildris, kokt
- 1/2 kopp brunt långkornigt ris
- 1/2 hackad vårlök
- 1/2 hackad platt bladpersilja
- 1/2 hackad koriander
- 1/4 hackade sinneblad
- 1/2 hackad dill
- 1 liten rödlök
- 2 matskedar olivolja
- 1/4 kopp blancherad mandel
- 1/4 kopp gyllene russin, blötlagda över natten
- havssalt, peppar efter smak

INSTRUKTIONER:
a) Stek löken tills den är gyllenbrun i olivolja. Häll ner den i risskålen.
b) Rosta mandeln och russinen i samma panna och kombinera dem med resten av ingredienserna i risskålen.
c) Tillsätt alla örter och ris och smaka av med havssalt och peppar och en klyfta citron.

84.Mikrogröna och snöärtssallad

INGREDIENSER:
VINÄGRETT
- 1 1/2 dl tärnade jordgubbar
- 2 msk. vit balsamvinäger
- 1 tsk. ren lönnsirap
- 2 tsk. limejuice
- 3 msk. olivolja

SALLAD
- 6 oz. mikrogrönt och/eller grönsallad
- 12 snöärtor, tunt skivade
- 2 rädisor, tunt skivade
- Halverade jordgubbar, ätbara blommor och färska örtkvistar, till garnering

INSTRUKTIONER:
a) För att göra vinägretten, vispa ihop jordgubbar, vinäger och lönnsirap i en blandningsform. Sila av vätskan och tillsätt limejuice och olja.

b) Krydda med salt och peppar.

c) För att göra salladen, kombinera mikrogröna, snöärtor, rädisor, sparade jordgubbar och 1/4 kopp vinägrett i en stor blandningsskål.

d) Lägg till halverade jordgubbar, ätbara blommor och färska örtkvistar som garnering.

85.Solrosgroddsallad

INGREDIENSER:
SALLAD
- 1 ½ C solrosgroddar
- 1 C ruccola
- 2 morötter, rakade eller hackade
- 3 rädisor tunna skivor
- 1 liten-medelstor gurka, skivad

KLÄ PÅ SIG
- 2 T färsk citronsaft
- ½ – 1 tsk agave
- ½ tsk dijonsenap
- ¼ tsk kosher salt
- ¼ C olivolja

INSTRUKTIONER:
a) Kombinera alla grönsaker.
b) Vispa ihop alla dressingens ingredienser.
c) Kasta ihop allt!

86.Cashew gräddbönskål

INGREDIENSER:

- ½ kopp råa cashewnötter, blötlagda över natten
- 2 msk hampafrön
- 1 msk näringsjäst
- ¼ kopp vanlig mandelmjölk
- 2 limefrukter
- 1 kopp druvtomater, i fjärdedelar
- ¼ liten rödlök, fint tärnad
- 2 matskedar färsk koriander, hackad
- 1 avokado
- 1 burk svarta bönor, avrunna och sköljda
- ½ tsk chilipulver
- ½ tesked spiskummin
- ½ tsk rökt paprika
- ½ tsk cayennepeppar
- ½ kopp ärtskott eller mikrogrönt
- salt och peppar

INSTRUKTIONER:

a) I en matberedare, kombinera cashewnötter, hampafrön, näringsjäst, mandelmjölk, 1 limejuice och salt/peppar (efter smak). Bearbeta i 3-4 minuter på hög, eller tills en kräm bildas.

b) Kombinera de kvartade körsbärstomaterna, tärnad rödlök och hackad koriander i en blandningsform. Krydda med salt och peppar.

c) Skopa avokadoköttet i en liten skål. Mosa i saften från den andra limen med en gaffel. Krydda med en nypa cayennepeppar och en nypa salt.

d) Värm de svarta bönorna, chilipulver, spiskummin och paprika i en liten kastrull på medelhög värme i 4-5 minuter.

e) Varva de svarta bönorna i två medelstora serveringsfat, toppa sedan med guacamole, ärtskott och cashewgrädde.

87.Mango, Broccoli och Jordgubbssallad

INGREDIENSER:
- 1 färsk mango, skuren i fjärdedelar
- 4 jordgubbar, skurna i halvor
- Kopp färsk broccoli mikrogröna
- 3 gröna oliver

KLÄ PÅ SIG
- 1 msk körsbärsvin
- 1 tsk citronlake
- En skvätt sellerisalt

INSTRUKTIONER:
a) Lägg broccolins mikrogröna grönsaker, jordgubbar, mango och oliver på ett serveringsfat.

b) Blanda ingredienserna till dressingen i en liten behållare och häll över salladen.

c) Kombinera och servera direkt.

88.Rädisa och groddsallad

INGREDIENSER:

- 4 rädisor, tunna skivor
- 2 små morötter, skalade och tunt skivade
- 1 kopp skalade edamamebönor
- 3 koppar groddar, tvättade och torkade (rädisa, alfalfa, solros eller andra sorter)
- 1 msk färska korianderblad
- 1 msk färska bladpersilja (valfritt)

KLÄ PÅ SIG

- 1 1/2 tsk spiskummin, rostade och malda
- 1 liten vitlöksklyfta, pressad
- 1 msk äppelcidervinäger
- 2 msk extra virgin olivolja
- Salta och nymalen peppar

INSTRUKTIONER:

a) Kombinera grönsaker, edamame, groddar och örter i en stor blandningsskål.

b) Rosta spiskumminfröna i en uppvärmd stekpanna i 1-2 minuter, eller tills de doftar, mal sedan fint i en mortel och mortelstöt eller kryddkvarn.

c) Blanda vitlök, vinäger och olja i en liten skål. Smaka av med salt och peppar.

d) Ringla dressingen över salladen och servera.

89.Blandad mikrogrönsallad

INGREDIENSER:
- 1 kopp blandade mikrogröna
- Halv avokado, skalad och tärnad
- 1 msk riven morot
- 1 msk rostade pinjenötter eller mandel
- 1/2 skalad mandarin eller vanlig apelsin

VINÄGRETT
- 1 msk extra virgin olivolja
- 1 msk färsk apelsinjuice
- 1 tsk limejuice
- En halv tsk senap
- Salta och peppra efter smak

INSTRUKTIONER:
a) Kasta mikrogrönt med resten av salladsingredienserna i en skål.
b) Kombinera alla vinägrettingredienserna i en stor mixerskål och häll över salladen.
c) Blanda försiktigt ihop allt med händerna.
d) Strö rostade pinjenötter eller mandel ovanpå.

90.Vattenmelon med mikrogröna sallad

INGREDIENSER:
- En handfull mikrogrönt
- 1 rektangulär skiva vattenmelon
- 2 matskedar hackad mandel
- 20 g fetaost, smulad
- 1 1/2 msk extra virgin olivolja
- 1 msk balsamvinäger
- Salt att smaka

INSTRUKTIONER:
a) Lägg din vattenmelon på en tallrik.
b) Fördela fetaosten och mandeln ovanpå vattenmelonen.
c) Ringla extra jungfruolja och balsamvinäger över dem.
d) Lägg mikrogrönt på toppen.

91.Mikrogrön vårsallad

INGREDIENSER:

- 2 msk salt
- 1 näve ärtskott mikrogröna
- 1/2 kopp favabönor, blancherade
- 4 morötter, små tärningar, blancherade
- 1 näve Pak Choi mikrogröna
- 1 näve Wasabi Senap mikrogröna
- 1 nypa amarant mikrogröna
- 4 rädisor, skivade i tunna mynt
- 1 kopp ärtor, blancherade
- Salta och peppra efter smak

MOROT-INGEFÄRA DRESSING

- 1-tums ingefära, skalad och skivad i mynt
- 1/4 kopp risvinsvinäger
- 1/2 kopp vatten
- 1 msk sojasås
- 1 msk majonnäs
- Kosher salt och svartpeppar efter smak

INSTRUKTIONER:

a) I en blandningsskål, kombinera mikrogröna, rädisor, morötter, ärtor och favabönor. Krydda lätt med salt och peppar.

b) Placera ingefära, 1/2 kopp reserverade morötter, risvinäger och vatten i en mixer och mixa tills det är slätt.

c) Vispa i soja och majonnäs efter att ha tagits ur mixern och lagt i en skål. Smaka av med salt och peppar om det behövs.

d) Kasta salladen med precis tillräckligt med dressing för att lätt täcka grönsakerna och grönsakerna innan servering.

92.Mikrogröna och Rädisasallad

INGREDIENSER:

- 1 paket mikrogröna
- 6 rädisor, halverade eller skivade
- 2 msk limejuice
- 1/8 tsk torrt senapspulver
- 1/4 tsk salt
- 4 matskedar olivolja
- grovt havssalt efter smak
- mald peppar, efter smak

INSTRUKTIONER:

a) Blanda ihop mikrogröna och rädisor i en serveringsskål och kyl tills de ska serveras.

b) Kombinera de återstående ingredienserna i en mixerskål, täck över och kyl tills den ska serveras.

c) Strax före servering, släng lätt salladen med dressing och smaka av med havssalt och nymalen peppar.

93.Bär och ruccolasallad

INGREDIENSER:
- 3 1/2 dl mikro ruccola
- 1 dl björnbär
- 2 msk pinjenötter
- 1 öronröd majs, skär av kolven
- 1/2 knippe vit sparris
- 2 matskedar extra virgin olivolja
- 1 msk rödvinsvinäger
- 1 vitlöksklyfta, pressad
- 2 msk hackade kaprisbär
- 1 1/2 msk mynta, finhackad
- havssalt
- svartpeppar

INSTRUKTIONER:
a) Kombinera olivolja, rödvinsvinäger, mynta, vitlök, hackade kaprisbär och en touch av salt i en liten blandningsform.
b) Häll sparrisen lätt i olivolja och stek på medelvärme på en grillpanna.
c) Tillsätt lite salt och peppar efter smak. Skär varje bit i halv-tums bitar.
d) I en stor blandningsskål, kombinera mikrogröna, majs, sparris, björnbär och pinjenötter för att göra salladen.
e) Häll i salladsdressingen.
f) Servera direkt!

94.Jordgubbsmikrogrön sallad

INGREDIENSER:
- 3 koppar ekologiska mikrogrönt
- 1 kopp skivad jordgubbe

JORDGubbsdressing
- 6 jordgubbar
- 1 msk balsamvinäger
- 1 tsk rå honung
- 2 matskedar olivolja
- En skvätt salt och peppar
- ¼ kopp hackade kanderade valnötter

INSTRUKTIONER:
a) Kombinera mikrogröna, jordgubbar och dressing i en stor mixerskål.
b) Strö valnötter ovanpå.

95.Mikrogrön Quinoasallad

INGREDIENSER:
FÖR SALLAD:
- 1 kopp kokt quinoa
- 1 dl arvstomater halverade
- 1/2 kopp Kalamata oliver urkärnade
- 2 1/2 msk salladslök tunt skivad
- 1 uns kokta svarta bönor
- 1/2 avokado skuren i små rutor
- 2 koppar mikrogrönt

FÖR KLÄNINGEN:
- 2 stora vitlöksklyftor
- 1/4 kopp rödvinsvinäger
- 1/4 kopp färska basilikablad
- 1 tsk kosher salt
- 1 tsk svartpeppar
- 1/2 kopp olivolja

INSTRUKTIONER:
a) I en matberedare, kombinera rödvinsvinäger, vitlök, basilika, salt och peppar.
b) Pulsera på hög hastighet medan du sakta tillsätter oljan tills den är emulgerad.
c) Blanda salladsingredienserna med två matskedar dressing. Om så önskas, lägg till extra dressing.
d) Servera omedelbart eller förvara i kylen tills den ska användas.

96.Regnbågsbeta och pistagesallad

INGREDIENSER:
- 2 små klasar regnbågsbetor, putsade
- Canolaolja för rödbetor

BASILKA CITRONOLIVOLJA:
- 2 koppar löst packad basilika
- knappt 1/4 kopp olivolja
- 1/2 saft av citron
- nypa koshersalt
- 1 msk hackade pistagenötter
- 1 kopp Micro Greens
- Citrusörtsalt – valfritt

INSTRUKTIONER:
a) Kasta rödbetorna med 1–2 msk rapsolja tills de är försiktigt belagda.
b) Lägg rödbetor på en kantad bakplåt, täck med folie och rosta på grillen i 30-45 minuter, eller tills de är mjuka och bruna.
c) Ta bort skalen från rödbetorna och kassera dem.
d) För att göra basilikaolivoljan, mixa alla ingredienser i en mixer tills den är slät.
e) Ringla en liten mängd basilika olivolja på botten av två små tallrikar.
f) Strö en liten mängd mikrogrönt, hälften av rödbetorna, citrusörtssalt och pistagenötter på varje tallrik.
g) Placera de återstående mikrogrönsakerna ovanpå varje tallrik.

97.Grönsaker och Farro

INGREDIENSER:
- 2 morötter, skalade och skivade
- 2 palsternacka, skalade och skivade
- 8 uns brysselkål, putsad
- 1/4 kopp olivolja, delad
- 1/4 tsk salt, delat
- 1/4 tsk svartpeppar, delad
- 1 kopp farro, torr
- 1 msk äppelcidervinäger
- 2 tsk dijonsenap
- 1/4 kopp pekannötter, grovt hackade
- 1/4 kopp russin

INSTRUKTIONER:
a) Värm ugnen till 400 grader Fahrenheit.
b) Kasta morötter, palsternacka och brysselkål med 2 msk olivolja, 1/8 tsk salt och 1/8 tsk peppar på en oljad bakpanna.
c) Rosta i 20-25 minuter tills den är genomstekt och krispig runt kanterna, vänd halvvägs igenom.
d) Farro ska tillagas enligt förpackningsrekommendationer.
e) Kombinera de återstående 2 msk olivolja, den återstående 1/8 tsk salt, den återstående 1/8 tsk peppar, cidervinägern och dijonsenapen i en liten skål.
f) Rosta pekannötterna i en torr sautépanna på medelvärme tills de är aromatiska, ca 2-3 minuter.
g) Kombinera rostade grönsaker, kokt farro, dressing, rostade valnötter och russin i en stor blandningsskål.

98.Quinoa ruccolasallad

INGREDIENSER:
- 1 kopp quinoa
- 3 matskedar citronsaft
- 3 matskedar olivolja
- 1/4 tsk peppar
- 1/8 tsk salt
- 2 dl vattenmelon, skuren i små tärningar
- 2 koppar baby ruccola
- 1 dl körsbärstomater, halverade
- 1/4 kopp färsk mynta, grovt hackad
- 2 msk valnötter, grovt hackade

INSTRUKTIONER:
a) Följ instruktionerna på förpackningen för att laga quinoa. Låt svalna till rumstemperatur innan servering.
b) I en liten skål, rör ihop citronsaft, olivolja, peppar och salt och ställ undan.
c) Kombinera kyld quinoa, vattenmelon, ruccola, körsbärstomater, mynta, valnötter och dressing i en stor blandningsform.
d) Blanda allt, servera och njut!

99.Blandad grön sallad med rödbetor

INGREDIENSER:

- 2 medelstora rödbetor, toppar putsade
- 2 msk kalciumberikad apelsin juice
- 1 1/2 tsk honung
- 1/8 tsk salt
- 1/8 tsk svartpeppar
- 1/4 kopp olivolja
- 2 msk råa, skalade solrosfrön
- 1 apelsin, skuren i bitar
- 3 koppar packade blandade gröna salladssallad
- 1/4 kopp fettreducerad fetaost, smulad

INSTRUKTIONER:

a) Täck rödbetor med vatten i en medelstor kastrull. Koka upp och sänk sedan till låg värme.

b) Koka i 20-30 minuter, eller tills gaffeln är mjuk, täckt. Rödbetor ska rinna av.

c) När rödbetorna är tillräckligt svala för att hantera, skala dem under rinnande vatten och skär dem i klyftor.

d) Rör under tiden ihop apelsinjuice, honung, vitlök, salt och peppar i en burk.

e) Skaka i olivoljan tills dressingen är slät. Ta bort från ekvationen.

f) Smält smöret på medelhög värme i en liten sautépanna.

g) I en torr sautépanna, rosta solrosfrön i 2-3 minuter, eller tills de är aromatiska.

h) Kasta rödbetor, solrosfrön, apelsinsegment, blandade grönsaker och fetaost i en stor serveringsskål.

i) Servera med en klick dressing .

100.Brysselkålssallad

INGREDIENSER:

- 1 kopp torr bulgur
- 8 uns brysselkål
- 1 granatäpple
- 1 päron, tärnat
- 1/4 kopp valnötter, grovt hackade
- 1 medelstor schalottenlök, finhackad
- 2 matskedar olivolja
- 2 msk balsamvinäger
- 1/8 tsk salt
- 1/8 tsk peppar
- Rå brysselkålssallad

INSTRUKTIONER:

a) Kombinera 2 dl kallt vatten och torr bulgur i en liten kastrull. Koka upp, sänk sedan till låg värme och rör om då och då.

b) Sjud i 12-15 minuter, eller tills bulgur är mjuk. All extra vätska ska tömmas av och ställas åt sidan för att svalna.

c) Skär av stjälkarna och ta bort eventuella sega eller uttorkade blad från brysselkålen.

d) Skär brysselkålen på mitten uppifrån och ned, ta bort stjälken. Lägg brysselkålen med skärsidan nedåt och börja skära dem tunt uppifrån och ned för att strimla dem.

e) I en stor blandningsskål, släng försiktigt brysselkålen tills lagren går isär och ställ sedan åt sidan.

f) Ta bort kärnorna från granatäpplet.

g) När granatäpplet har rivits, vrid det för att dela det på mitten och dra försiktigt bort skalet för att ta bort kärnorna. Håll den skurna sidan av granatäpplet över en skål och slå på baksidan av det med en träslev tills alla kärnor faller ut.

h) Kasta brysselkålen med granatäpplekärnor, valnötter och päron. Kasta bulgur med en gaffel och servera med salladen.

i) Kombinera schalottenlök, olja, vinäger, salt och peppar i en separat liten skål.

j) Häll salladen i dressingen för att blanda. Servera och njut!

SLUTSATS

När vi avslutar vår resa genom världen av blomma kraft sallader hoppas jag att den här kokboken har inspirerat dig att omfamna skönheten och smaken av ätbara blommor i ditt eget kök. " Från Blokblad Till Platta: Blomma Kraft Salader " har skapats med en passion för att fira trädgårdens naturliga överflöd och utnyttja den närande kraften hos färska, säsongsbetonade ingredienser.

Tack för att du följde med mig på detta kulinariska äventyr. Må ditt kök fyllas med de livfulla färgerna och delikata smakerna av ätbara blommor, och må varje tugga av dina blomma kraft-sallader vara en hyllning till hälsa, vitalitet och naturens skönhet.

Tills vi ses igen, glad salladstillverkning och må dina kulinariska skapelser fortsätta att blomma ut i läckra och närande läckerheter!